JN179694

日本はなぜ、「戦争ができる国」になったのか

矢部宏治

講談社+α《プラスアルファ》文庫

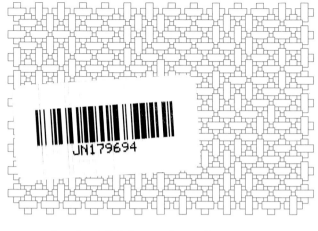

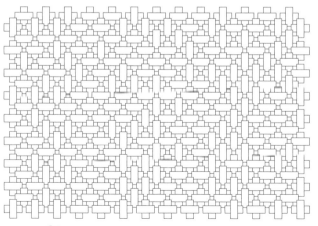

文庫版はじめに

本書は先日文庫化された『日本はなぜ、「基地」と「原発」を止められないのか』（親本２０１４年）の続編として、その二年後に執筆したものです。『基地と原発』が、米軍が日本の国土を自由に利用できる「基地権密約」について説明したものであるのに対し、本書『なぜ戦争』は、米軍が戦時には自衛隊を指揮する権利を持つという「指揮権密約」について、その謎に包まれた実態に迫ったものです。

前者の「基地権密約」については、本の執筆時にはすでに多くの研究者の努力によってその全貌が解明されており、かなりわかりやすく書くことができました。

一方、本書で扱った「指揮権密約」については、執筆時にはまだ、いまから40年近く前（１９８１年）に発見された「吉田茂の口頭密約」が孤立して存在しているだけで、残りの膨大な空白のほとんどは、自分自身の手で埋めなければなりませんでした。その分、困難ではありましたが、やりがいのある仕事となったと思っています。

８年前から、私の著書および企画シリーズ（「〈戦後再発見〉双書」）の最大の応援者であり、今回本書の解説も書いてくださった天木直人さんに心から感謝申し上げます。

矢部宏治

はじめに

8年前から、日本の戦後史について調べています。

なかでも1945年から52年までの占領期に、日本にいったいなにが起きたのか。

そのときアメリカとのあいだでむすばれた、おもに軍事上の密約が、日本の戦後史にどのような影響をおよぼしてきたのか。

そのことについて自分でも本を書き、また多くの研究者のみなさんとともに「〈戦後再発見〉双書」(創元社)という歴史シリーズを立ちあげて、これまで計14冊の本[*1]をつくってきました。

そのエッセンスをまとめた『日本はなぜ、「基地」と「原発」を止められないのか[*2]』という本は、おかげさまで13万部を超えるベストセラーになったのですが、その刊行直後、偶然、沖縄でお会いした鳩山《はとやま》友紀夫《ゆきお》さん(元首相)から、初対面でいきなりこういわれたのです。

「あなたが矢部《やべ》さんですか。すごい本を書きましたね。**私はこの問題（日米合同委員会に代表される日米のウラの法的関係）について、ぜんぜん知りませんでした**」

おそらく鳩山さんはご自分の知性について、強い自信をおもちなのでしょう。だからこのような、非常にストレートなものの言いかたができる。

しかしその一方、よく考えてみると鳩山さんは、おじいさんは首相、お父さんは大蔵省の事務次官[*3]から外務大臣、ご自身はもちろん首相を経験され、しかもスタンフォード大学の博士号をもつという日本のほんとうのトップ・エリートです。

その鳩山さんが、この問題について、ぜんぜん知らなかった。

この事実は、日米間に存在する軍事上の密約の闇が、いかに深いものかを明確にものがたっています。

＊1　「〈戦後再発見〉双書」（創元社）8冊と、矢部の著書6冊。
＊2　2014年刊。現在は講談社＋α文庫。
＊3　現在の財務事務次官。当時は文字どおり、日本の官僚のトップに君臨していました。

日本の超エリートも知らない「日米密約」の闇

おそらくみなさんもそうだと思いますが、私も長いあいだ、こう思っていました。たしかに日米間の軍事上の取り決めには、オモテに出ない闇の部分もあるのだろう。でも、外務省など国家の中枢には、そういう問題を全部わかっているほんとうのエリートたちがいて、国家の方針をまちがわないよう、アメリカとギリギリの交渉をしてくれているのだろうと。

ところが、まったくそうではなかったのです。

現在の日本のエスタブリッシュメントたち（私のいう「安保村」のエリートたち）は、戦後アメリカとのあいだでむすんできたさまざまな軍事上の密約を、歴史的に正しく検証することがまったくできなくなっている。というのも、過去半世紀にわたって外務省は、そうした密約に関して体系的に保管・分析・継承することをせず、特定のポストにいるごく少数の人間の個人的な対応に、その処理をまかせてきてしまったからです。

そのため、とくに２００１年以降の外務省は、「日米密約」というこの国家的な大問題について、ただ資料を破棄して隠蔽《いんぺい》するしかないという、まさに末期的な状況になっているのです[*4]。

＊４　「核密約文書、外務省幹部が破棄指示　元政府高官ら証言」（「朝日新聞」２００９年７月10日）／「密約の重要資料、半数破棄か　東郷元局長、衆院委で証言」（同前　２０１０年３月19日夕刊）など。

「戦争になったら、日本軍は米軍の指揮下に入る」という密約がある

私はこの問題を調べはじめてから、まだそれほど時間がたっていないのですが、２０１１年に沖縄の米軍基地をすべて撮影したガイドブック[*5]をつくったことがきっかけで、沖縄問題の研究者のみなさんから、数々のおどろくべき事実を教えてもらうようになりました（その多くは「条文」や「公文書」ですから、議論の余地のない事実です）。

この「日米密約」の世界に一歩でも足を踏み入れてしまうと、世のなかの出来事をみる目が、すっかり変わってしまうことになるのです。

たとえば、2015年に大きな社会問題となった、安保関連法についてです。あのとき国会では、安倍《あべ》内閣が提出した法案をめぐって、普通の市民にはだれひとりフォローできないような複雑で錯綜《さくそう》した議論が、約4ヵ月にわたっておこなわれました。

その代表的なひとつが、

「それは個別的自衛権だ」

「いや、集団的自衛権だ」

という国際法をめぐる、よくわからない議論だったと思います。

けれどもすでにアメリカの公文書で確認されているひとつの密約の存在を知れば、あのとき起きていた出来事の本質は、あっけないほどかんたんに理解できるのです。

その密約の名は、「統一《とういつ》指揮《しき》権《けん》密約」（以下、指揮権密約）といいます。

これはかんたんにいうと、

「戦争になったら、日本軍は米軍の指揮下に入る」

という密約のことです。

1952年7月と1954年2月に当時の吉田《よしだ》首相が口頭でむすんだこの密約[*6]が、その後の自衛隊の創設から今回の安保関連法の成立にまでつながる、日米の軍事的一体化の法的根拠となっているのです。

けれども、これまでそれは、あくまで日本とその周辺だけの話だった。

ところが、**今後はそこから地域的なしばりをはずして、戦争が必要と米軍司令部が判断したら、自衛隊は世界中どこでも米軍の指揮下に入って戦えるようにする。**

そのために必要な「国内法の整備」が、２０１５年についにおこなわれてしまった。それがあの安保関連法の本質だったということです。

＊5　『本土の人間は知らないが、沖縄の人はみんな知っていること』（書籍情報社）

＊6　このきわめて重大な密約を最初に発見したのは、獨協《どっきょう》大学名誉教授の古関彰一《こせきしょういち》さんです。
（「日米会談で甦る30年前の密約（上・下）」『朝日ジャーナル』１９８１年5月22日号・29日号）

日本の戦後史に隠された「最後の秘密」とは？

私は今回、この「戦争になったら自衛隊は米軍の指揮下に入る」という密約の行方を追いかけるうちに、おそらくこれが日本の戦後史における「最後の秘密」だろうと思われる、軍事面での「大きな構造」にたどりつくことができました。

これからそのことについて、できるだけわかりやすくご説明していくつもりですが、ひとつ先に申しあげておかなければならないのは、本書でこのあと、その「最後の秘密」にまで話が及んだとき、みなさんの目の前にあらわれるのは非常にきびしい日本の現実だということです。

なぜならそこでは日本の現状が、いままで私が本に書いてきたような、

「占領体制の継続」

ではなく、それよりさらに悪いものだということが、公文書によって完全に証明されてしまうからです。

しかし、そこでくじけることなく、どうか最後までこの本を読んでください。

そうすれば、これまで戦後最大のタブーとされてきた、この日米間の隠された軍事的構造について、

「ああ、これ以上の謎も闇も、もうないのだな」

という地点にたどりつくことが、きっとできるはずです。

そしてかすかな安堵感とともに、小さな「希望の光」を感じることも、きっとできるはずです。問題の原因と構造さえはっきりとわかれば、あとはその解決へむかう道を、ただあきらめず前に歩いていくしか、ほかに方法がないからです。

それでは、これからこの本を、できるだけわかりやすく書いてみることにいたします。

本書でご説明する「最後の秘密」、つまり日米間の隠された軍事的構造は、けっして一部の研究者が知っていればよいというものではなく、日本人のだれもが知っておくべき問題だと、私は強く思っているからです。

〔本書のなかで紹介するアメリカの公文書の多くは、アメリカ国務省歴史課のホームページで、どなたでも閲覧することができます。(https //history.state.gov/historicaldocuments/about-frus)〕

目　次

日米密約研究の偉大な先駆者である新《にい》原《はら》昭治《しょうじ》氏、古関彰一氏、春《はる》名《な》幹《みき》男《お》氏、我《が》部《べ》政明《まさあき》氏と、その法的構造の解明に着手した本《ほん》間《ま》浩《ひろし》氏、前泊《まえどまり》博盛《ひろもり》氏、末浪《すえなみ》靖司《やすし》氏、吉《よし》田《だ》敏浩《としひろ》氏、明《あけ》田《た》川《がわ》融《とおる》氏、吉岡《よしおか》吉典《よしのり》氏、笹本《ささもと》征男《ゆくお》氏に、心からの敬意を表します。

凡例

*引用した文章のうち、漢字表記を一部カナ（かな）に変えたり、文語体を現代語訳したり、また文意を要約したりして引用した箇所があります。また、引用中の〔 〕内の説明と、文中の太字箇所および太字箇所上の傍点は著者によるものです。

*基本的に“a unified command”は「統一指揮権」、“the Unified Command”は「統一司令部」と訳していますが、定着した訳文がある場合はそちらにしたがっています。

*各条文中の「国際の平和及び安全（international peace and security）」は「国際平和と安全」と表記しています。英文中の「敵対行為（hostilities）」は「戦争」と訳しています。

六本木にある米軍基地「六本木ヘリポート基地（正式名称：赤坂プレスセンター）」。大きなヘリポートと、オフィス棟（星条旗新聞社ビル）、宿泊施設（ホテル）がそなえられている。　©須田慎太郎

序章

六本木ヘリポート基地から闇の世界へ

（この章は、以前少人数の勉強会で話した内容をもとに加筆したものです。おもに『日本はなぜ、「基地」と「原発」を止められないのか』を読んでいない読者のかたのために収録したものですので、すでに同書をお読みのかたは、序章を飛ばしてPART 1［53ページ］へ進んでいただいてもけっこうです）

みなさん、こんにちは。矢部宏治《こうじ》です。

今日はまず、なにからお話しいたしましょう。

日本という国がいま、どれほど異常な状態にあるか、かんたんにお話ししたいのですが、いちばんわかりやすいのは、やはり「空域《くういき》」の話かもしれませんね。

私の前の本（『日本はなぜ、「基地」と「原発」を止められないのか』）を読んでくださったみなさんはよくご存じだと思いますが、東京を中心とした首都圏の上空は、左ページの図のように、すっぽりと米軍の管理空域になっていて、日本の民間航空機はそこを飛ぶことができないんです。

だからＪＡＬやＡＮＡの飛行機が東から西へ、また西から東へ飛ぶときは、毎回この高さＭＡＸ７０００メートルもある巨大なヒマラヤ山脈のような飛行禁止区域を、急旋回・急上昇して、避けて飛んでいるんです。

ご存じでしたか？

いままでご存じなかったかたは、かなりおどろかれたことと思います。

東京、神奈川、埼玉、栃木、群馬、新潟、山梨、長野、静岡の一都八県の上空をカバーする広大な空間が、実は完全に米軍の支配下にあり、日本の民間航空機はそこを飛ぶことができない。この巨大な空域は、東京郊外にある米軍・横田基地によって管

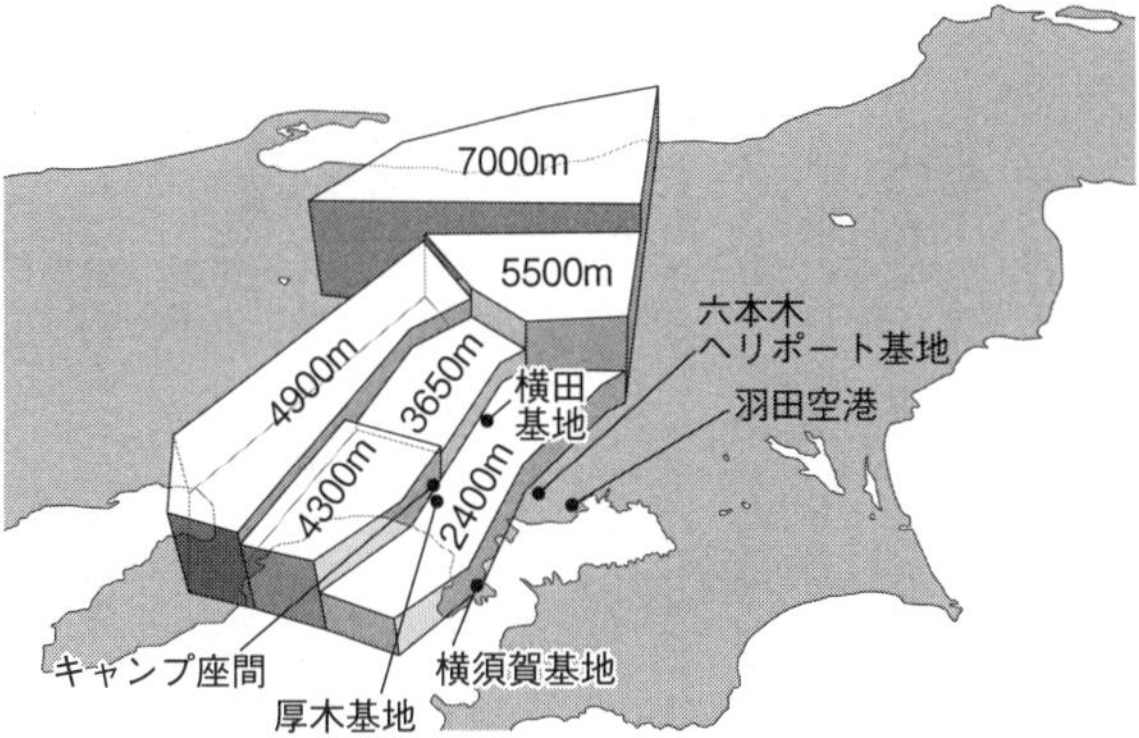

横田空域

理されているため、「横田空域」とよばれています。

外務省の高級官僚も知らない「横田空域」

　この問題は、２０１３年に刊行した『本当は憲法より大切な「日米地位協定入門」』（前泊博盛編著／創元社）でも大きくとりあげましたので、かなり知っている人もふえてきました。その後、テレビや新聞、週刊誌でも大きくとりあげるところがでてきたので、ご存じの人の数も飛躍的にふえたかもしれません。

　でもどうでしょう。それでも日本全体でこの事実をきちんと認識している人は、いったい何パーセントぐらい、いらっしゃるでしょうか。

たとえば外務省の高級官僚の人たちでさえ、基本的に彼らの仕事はタテ割《わり》になっているので、安保や基地の問題を直接担当する人たち以外は、こうした問題についてほとんど知識がないそうです。ですから日本全体でいうと、まだほんとうにごく少数の人しか、この横田空域の存在を知らない。せいぜい１～２％くらいといったところかもしれません。

また、大手メディアでとりあげられるようになったのはとてもよかったのですが、その場合は、

「首都圏の上空を日本の飛行機が飛べないなんて、おかしい。遠まわりするから時間も燃料費もかさむし、だいたい危険な飛行をさせられてるじゃないか」

というとりあげ方になることが多い。たしかに羽田空港を例にとると、離陸したあと、まず東の千葉県の方向へ飛んで、そのあとすぐに西へ向けてムリな急旋回・急上昇をして、この巨大な「山脈」を越えなければなりません。逆に西から羽田へ飛んでくるときは空域の上ではなく、南側から空域をまわりこんでおりていくルートをとるのですが、成田におりていく飛行機も同じルートをとおるので、同じエリアに飛行機が集中してほんとうに危ないのです。

日本には国境がない

でも、この問題の本質は、実はそんなところにはないのです。

もう一度見ていただきたいのですが、17ページの図のように、首都圏の上空が太平洋側の洋上から日本海近くまで米軍に支配されていて、そこをどんな飛行機が飛んでいるか、日本政府はまったくわかってない。さらにその空域の下には、南から横須賀、厚木、座間、横田という、沖縄並みの巨大な米軍基地があって、そのなかは完全な治外法権エリアになっている。

ですから軍用機で日本上空まで飛んできた米軍やアメリカ政府の関係者たちは、この空域をとおって、日本の政府がまったく知らないうちに横田基地や横須賀基地などに着陸し、そのままフェンスの外に出ることができるのです。

沖縄国際大学教授・前泊博盛氏。「琉球新報」紙に在籍時はエース記者として、安保と沖縄の問題をめぐる数々のスクープ記事を連発した

この事実がもつほんとうの意味を教えてくれたのは、沖縄国際大学教授の前泊博盛さん（元「琉球新報」論説委

員長）でした。

前泊さんは、つまりそれは、

「日本には国境がないということなんですよ」

と、私に教えてくれたわけです。

事実、日米地位協定の条文（第5条1項）をよく読むと、米軍関係者だけでなく、**「アメリカが公的な目的で運航する航空機の旅客」はすべて、日本への出入国に際して、「日本の法令の適用（通関や検疫）も受けなければ、通告の必要もない」と、驚くべきことが書かれています。**（→52ページ）

そんな状態ですから、日本政府はいま日本国内にアメリカ人が何人いるのか、まったくわかっていないのです。

国家という概念を成立させる三つの要素とは、「国民」「領域（領土）」「主権」だといわれています。日本という国には、たしかにわれわれ日本人が住んでいますから、国民はいる。しかし事実上、国境がないわけですから、領域（領土）という概念は成立していない。また首都圏の上空が外国軍によって支配されているわけですから、もちろん主権もない。

ですからこの時点でもう、日本は独立国家ではないという事実が、ほとんど証明されてしまうんですね。

いつ、だれが、そんな取り決めをむすんだのか

「横田空域？　それはもう知ってるよ」

　という人もいらっしゃるかもしれません。しかし、

「じゃあ、なぜそんなものが首都圏上空にあるんですか？　いつ、だれが、どんな取り決めをむすんで、そんなめちゃくちゃな状態になっているんですか？」

　と聞かれたら、これはもう答えられる人はほとんどいないと思います。さきほど横田空域については、1～2％くらいの人しか、その存在を知らないんじゃないかと書きましたが、ここまで話を進めると、知ってる人は日本全体でもせいぜい数十人くらい、歴史的経緯をふくめて全体をきちんと説明できる人となると、ひょっとしたら数人くらいになるかもしれません[*1]。

　ですから、このあたりからみなさんも少しずつ、戦後日本の最大の闇である、日米密約の世界に足をふみいれていくことになるわけです。

＊1　この問題に現在、日本でいちばんくわしいのは、『「日米合同委員会」の研究』（創元社）、『横田空域』（角川書店）の著者であるジャーナリストの吉田敏浩さんです。

日本の「闇の奥《ハート・オブ・ダークネス》」――日米合同委員会

この横田空域について、

「いったい、いつ、だれが、そんなめちゃくちゃな取り決めをむすんだんだ」

という、まったくもってごもっともな質問への答えは、つぎのようになります。

「この取り決めの内容は、１９５８年12月15日に、米軍横田基地と**東京航空交通管制部**のあいだで合意されたものです」

「……はぁ？」

と思いますよね、だれだって。

「東京航空交通管制部ってなんなんだ。そんなもの聞いたことないぞ」

そう思われるのは当然です。私もつい最近まで、まったく知りませんでした。

東京航空交通管制部とは、埼玉県の所沢市にある「国土交通省の一部局」で、横田空域の東側にある空域[*2]を管理するセクションです。所沢航空記念公園という公園のなかにあり、同じ敷地内には航空専門の県立博物館などもあるので、近くをとおられたら行ってみるのもおもしろいかもしれません。

ただ、

「国土交通省の一部局ってどういうことだ！　なんでそんなちっぽけな役所が、こんなめちゃくちゃ巨大な首都圏上空を、勝手に米軍に差しだすことができるんだ！」

と、みなさん、すでにお怒りなのではないでしょうか。

お怒りはごもっともです。しかし、もちろん、かれらが勝手にやったことではないのです。そんな牧歌的な公園のなかにある国土交通省の一部局に、そのようなどでかい仕事ができるわけありません。かれらは国民の目にまったく見えないところで決められた巨大な方針にしたがって、実務担当者としてプランを立て、空域の境界線をさだめて、それに合意したにすぎない[*3]のです。

そうした信じられないほど巨大な方針を、国民がまったく知らないうちに決めてしまう「ウラの最高決定機関」。それこそが、このあと何度も登場する「日米合同委員会」なのです。私はこの組織を、コンラッドの有名な小説のタイトルを借りて、日本の「闇の奥《ハート・オブ・ダークネス》」とよんでいます。

＊２　羽田空港を利用する飛行機が飛ぶ「東京進入管制区」。

＊３　それから半年後の１９５９年６月の日米合同委員会で、それまで米軍がすべてもっていた日本上空の管制権が、翌７月から米軍基地周辺をのぞいて日本側に返還されることが正式決定されました。つまりこのときむすばれたのは、首都圏上空でいうと、米軍が「横田空域を使う」取り決めではなく、「横田空域の外側は日本に返還する」取り決めだったというわけです（『日米軍事同盟史研究』小泉《こいずみ》親司《しんじ》／新日本出版社）。東京航空交通管制部は、当初、埼玉県入間郡にあったジョンソン基地内の「東京センター」として発足し、１９５９年７月に航空路管制業務を移管されたあと、同基地内に１９６３年まで管制本部を設置していました。

六本木ヘリポート基地という「闇の入り口」

もう一度、17ページの図を見てください。さきほど太平洋の洋上から、この巨大な米軍管理空域を飛んできた米軍やアメリカ政府の関係者が、空域の下にある横田や横須賀といった米軍基地におりたち、そのままフェンスの外に出ることができるといいました。

では、かれらはそのあと、いったいどこへ行くのでしょう。首都圏の米軍基地はすべて、都心から車で1時間ほどの場所にあるので、大きなリムジンで移動するのかなと思っていたのですが、かれら米軍関係者はそんなまだるっこしいことはしないわけです。

首都圏に住んでいるかたはよくおわかりのとおり、このあたりの高速道路は渋滞がひどく、事故も多い。正確な移動時間は予測できないんですね。

そこでかれらは軍用ヘリでババババッと、いっきに飛んでくるわけです。これだと首都圏の米軍基地から都心まで、20分くらいしか、かかりません。しかし都心には飛行場がない。では、そうしたヘリはどこに着陸するのか。

次ページの写真を見てください。そうしたヘリが着陸できる米軍基地が都心にある。なんと都心中の都心である、六本木にあるんです。ですから横田空域をとおって、まったくのノーチェックで日本に入国した米軍関係者が、そこからヘリに乗って、たった20分で東京の中心部までやってくることができるわけです。

写真の中央の森は青山公園と青山墓地。遠くに見えるのは新宿の高層ビル群　©須田慎太郎

この米軍基地は地下鉄の六本木駅から、歩いて数分の超一等地にあります。見ていただくとわかるとおり、基地の敷地内には、大きなヘリポートがひとつと、大きなビルがふたつあります。中央のビルが米軍用の新聞を発行している「星条旗新聞社」、左奥のビルが米軍関係者専用のホテルです。

正面のゲートからは星条旗新聞社とホテルしか見えませんので、前の道をとおっても軍事施設には見えないのですが、よく見るとゲートには、銃をもった日本人の警備員が立っている。沖縄の基地や、横田基地や厚木基地でもそうなんですが、「銃をもった日本人の警備員」がいるという事実だけで、こうした基地のなかは日本の法律とは無縁の世界であることがわかるのです。

六本木の基地反対運動とCIA

つまりフェンスがあって、ゲートがあって、銃をもった警備員がいて、オフィスビル（星条旗新聞社ビル）があって、宿泊施設があって、ヘリポートから軍用機が発着陸している。小さいけれど、フルスペックの米軍基地なわけですね。

けれども米軍は、ここに星条旗新聞社があるからという理由で、この基地に「赤坂プレスセンター」という、とても可愛らしい名前をつけてるんです（笑）。だから、ますます基地だとわかりにくくなっている。

私たちは米軍基地というと、すぐに沖縄の話だと思ってしまいます。でも、こうして東京のどまんなかにも、フルスペックの米軍基地があるわけです。そしてメディアが報道しないから知らないだけで、この六本木でも沖縄と同じように、長年、住民の人たちが米軍基地反対運動をやっているんです。

そりゃそうですよね。あんなに地価が高い場所にマンションを買って、日中、急に軍用ヘリがババババババッと低空飛行してきたら、住民の人たちが怒るのは当然です。もともと東大の研究所がとなりにあり、そこの組合の人たちが参加したこともあって、非常にしっかりした弁護士事務所がついて、もう50年近くも米軍基地反対運動をやっている。だから基地の内部についても相当のことがわかっています。

新聞報道によると、この星条旗新聞社のビルのなかには、日本の先端技術の情報を収集する陸軍や海軍の研究所や、ＣＩＡなどの情報機関などが入っているようです。

このあとくわしくご紹介しますが、そうしたＣＩＡなど情報機関のメンバーたちが、この横田空域などをとおって米軍基地にノーチェックでおりたち、

「なんの妨害も受けずに日本中で活動している」

そう東京のアメリカ大使館がワシントンの国務省（＝日本でいう外務省）へ報告しています（１９５７年2月14日「在日米軍基地に関する極秘報告書」↓73ページ）。

この段階までくると、日本が完全に主権を失った国であることは、もうだれの目にもあきらかになるわけです。

「ホテル」という名の米軍基地

さて、ここまでアメリカの軍関係者や政府関係者がノーチェックで日本に入国し、軍用ヘリにのって移動して、六本木にあるヘリポートにおりたつところまでをご紹介してきました。そして、いよいよここからみなさんは、戦後日本最大の闇である「日米密約」の本丸に入っていくことになるのです。

31ページ上の地図を見てください。六本木ヘリポート基地（赤坂プレスセンター）からアメリカ大使館までは車で東へ5分ほど走ればいけるのですが、もうひとつ東京の都心には非常に重要な米軍施設があって、車で南へおりていけば、やはり5分ほどで到着することができます。その施設の名を「ニューサンノーホテル」といいます。

ここは米軍専用の高級宿泊施設と会議場をかねそなえた、いわゆるコンファレンスセンターで、通称では「ホテル」とよばれていますけれども、正式名称は「ニューサンノー米軍センター」。つまり米軍基地なんです。よく見ると、やっぱり入り口には銃をもった警備員が立っている。そんなホテルはありませんよね(笑)。

そして、ここと外務省で交互に毎月2度開かれているのが、問題の「日米合同委員会」なんです。

日米合同委員会とは、なにか

日米合同委員会というのは、基本的には日本に駐留する米軍や米軍基地など、軍事関係の問題について日米で協議するための機関なんです。でも、アメリカは日本中に基地をおいていて、さらにはこのあと説明するように、実は日本国内のどんな場所でも基地にできる法的権利をもっている。

ですからこの委員会が協議する分野はありとあらゆる範囲におよんでいて、33ペー

六本木ヘリポートから、ニューサンノー米軍センターとアメリカ大使館への経路

ニューサンノー米軍センター（通称「ニューサンノーホテル」）　©須田慎太郎

ジの組織図のように、米軍のエリート将校と日本の高級官僚たちが36の分科委員会と部会に分かれて、毎月２回、さまざまな問題を協議することになっています。

このニューサンノー米軍センターと外務省で交互に、隔週木曜日の午前11時から、すでに70年近くにわたって会合をつづけている。そしてもっとも問題なのは、この委員会で合意された文書や議事録は外部に公開する義務がなく、ほんの当たりさわりのない概要しか公開されていないということ。つまり毎月、秘密の会議をおこなっているということです。

ですから過去70年近くにわたって、ときには日本の憲法を機能停止に追いこんでしまうような重大な取り決めが、国民の目にはいっさいふれないまま、ここで決定されてきているのです。

ひとつ例をあげましょう。

たとえば、１９５３年９月29日に日米合同委員会で合意した、次の取り決めを見てください。

「日本の当局は（中略）**所在地のいかんを問わず〔＝場所がどこであろうと〕**合衆国軍隊の財産について、捜索、差し押さえ、または検証をおこなう権利を行使しない」[*4]

われわれは、ふだん法律文書を読みなれてませんから、ついうっかり読みとばして

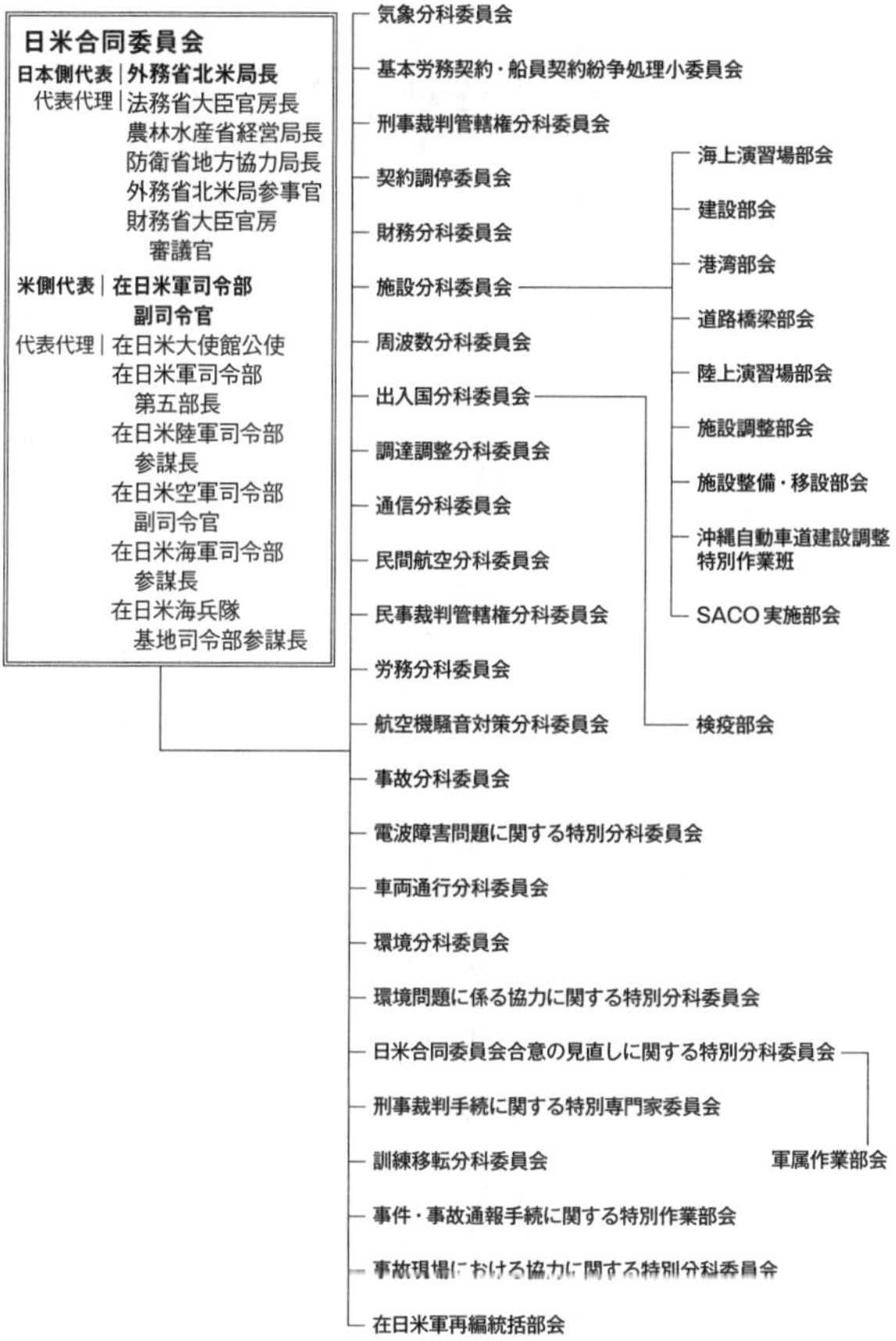

日米合同委員会組織図｜平成30年2月現在（外務省ホームページより／一部省略）

しまうのですが、実はこれはとんでもない取り決めなのです。問題なのは太字の部分で、ここが「米軍基地内において」となっていたら、まだわかる。米軍基地のなかについては日本の捜査権はおよばない。治外法権になっている。これならまだ、ギリギリわかります。

　ところがそうではなく、この取り決めでは、

「所在地のいかんを問わず」

　となっているのです！

　冷静になって考えてみると、この密室で合意された取り決めのもつ重大さにおどろかされます。つまりそれが意味する現実は、もし在日米軍の軍用機が墜落したり、移動中の車両が事故を起こした場合、たとえそれがどんな場所であっても米軍が現場を封鎖して、日本の警察や消防や関係者を立ち入らせない法的権利をもっているということだからです。

＊4　「日米行政協定第17条改定に関する議定書、公式議事録」（1953年9月29日）

米軍機が墜落事故を起こしても、なにもできない

　有名なのは２００４年の沖縄国際大学への米軍ヘリ墜落事故で、そのときは右に書いたとおりのことが起こりました。米軍ヘリが落ちた大学のキャンパスを、となりにある普天間《ふてんま》基地からなだれこんできた米兵たちが、あっというまに封鎖してしまった。

　そして事故があったことを知って大学前の道路に集まってきた市民たちを、

「アウト！　アウト！　ゲラウトヒア！」

とどなりつけて、現場周辺から排除したのです。

一方、日本の警察は、米軍から許可をもらってようやく大学構内へ入ることができるというありさまで、まさに植民地同然といった日本の現実があきらかになった瞬間でした。

　これは沖縄だけの話ではありません。少し前の話になりますが、１９７７年には横浜の緑区（現・青葉区）の住宅街に米軍のファントム偵察機が墜落し、３歳と1歳の男の子が全身にやけどを負って翌日死亡しました。その子たちのお母さんも精神的ダ

（左）1977年９月27日昼すぎ、横浜市緑区（現・青葉区）の住宅街に墜落する直前、エンジンから火を噴き出す米軍のファントム機（写真提供：神奈川県大和市）。（右）2004年８月13日昼すぎ、沖縄県宜野湾市の沖縄国際大学に墜落した普天間基地所属の大型輸送ヘリコプターの残骸（写真提供：沖縄国際大学）

メージがひどく、4年後に死亡したという大事故だったのです（ほか6名が負傷）。

ところが、そのときすぐに現場に飛んできた自衛隊のヘリコプターは、日本人の負傷者に対してなにも救助活動をせず、なんとパラシュートで脱出して無傷だったふたりの米軍パイロットだけを乗せて、厚木基地へ帰ってしまったのです。

そしてこの事故についてはその後、日米合同委員会が一方的な報告書を出しただけで幕引きとなり、被害者が米軍パイロットなどに対しておこなった刑事告訴は、3年後に不起訴となりました。

つまり日本の国土は、実はすべて、米軍に関して治外法権状態にあるということです。私たちが普段生活しているときは、そんなことはわかりませんが、緊急時にはその真実が露呈してしまう。

この秘密の取り決めは、ほんの一例にすぎません。ほかにも米兵の犯罪について「特別に重要な事件以外は起訴をしない」（裁判権放棄密約）とか、「米軍機はどんなに危険な飛行をしても許される」（航空法の適用除外）など、無数の重大な取り決めが、国民の目から隠されたまま、この委員会で合意されつづけているのです。

いわばこの日米合同委員会こそは、これまで日本の戦後史に無数の闇を生みだしてきた、「密約製造マシーン」といえるのです。

米軍と直接協議する日本の官僚たち

注目していただきたいのは、この日米合同委員会の組織図（↓33ページ）に書かれたメンバーの役職名です。

まず日本側の代表は外務省の北米局長、アメリカ側の代表は在日米軍司令部副司令官となっています。だから日本の官僚のなかでも、北米局長のポストは非常に権威があるわけです。

しかし、おかしいですよね。どんな国でも外務官僚が協議をするのは、相手国の外務官僚のはずです。軍の司令官が協議をするのは、相手国の司令官のはず。そして外務官僚どうしが合意した内容は、もちろん軍の司令官の行動を制約する。これが「シヴィリアン・コントロール（＝軍事に対する民主主義的コントロール）」とよばれる民主主義国家の大原則のはずです。

それなのになぜ、東京のどまんなかにある米軍基地で、外部に情報をほとんど公開することなく、米軍の司令官と日本の外務官僚が直接、秘密の交渉をつづけているのでしょう。

ここでもう一度、アメリカ側の中心メンバーのリストを見てください（33ページ左上の枠内）。代表代理にひとりだけ、在日アメリカ大使館公使、つまり外交官が入っています。しかし、それ以外はすべて軍人です。36ある分科委員会や部会の代表も、アメリカ側の役職名は書いてありませんが、みんな軍人です。

一方、日本側は、外務省、法務省、農水省、防衛省、財務省、総務省、経産省、国交省と、ありとあらゆる省から局長クラスの超エリート官僚たちが送られてきています。

つまり、この**日米合同委員会というシステムがきわめて異常なのは、日本の超エリート官僚が、アメリカの外務官僚や大使館員ではなく、在日米軍のエリート軍人と直接協議するシステムになっているというところ**なのです。

どんな国にもない「きわめて異常なメカニズム」（駐日アメリカ公使の証言）

この点についてはさすがにアメリカ側でも、国防省（＝防衛省）ではない国務省（＝外務省）の関係者から、その異常さを指摘する声が何度もあがっています。当然ですよね。

たとえば１９７２年の沖縄返還交渉を担当したアメリカ大使館のスナイダー駐日公使は、この問題についての駐日大使への報告のなかで、

「日米合同委員会のメカニズムに存在する、米軍司令官と日本政府の関係は、きわめて異常なものです」

「〔本来なら、他のすべての国のように〕米軍に関する問題は、受け入れ国の中央政府の官僚とアメリカ大使館の外交官によって処理されなければなりません」

「〔ところが日本における日米合同委員会がそうなっていないのは〕**ようするに日本では、アメリカ大使館がまだ存在しない占領中にできあがった、米軍と日本の官僚とのあいだの異常な直接的関係が、いまだにつづいている**ということなのです」

とのべています（１９７２年４月６日／末浪靖司氏の発掘した機密文書／『機密解禁文

書にみる日米同盟』高文研）。

その後もアメリカ国務省は、日米合同委員会のアメリカ側代表を、米軍司令官から外交官（駐日公使）に交替させて、委員会全体を駐日大使のコントロールのもとにおこうと何度も試みています。

しかしそのたびに軍部の抵抗によって、つぎのように拒否されてしまうのです。

「日米合同委員会はうまく機能しており、**日本政府がその変更を求めている事実はない**。アメリカ政府は日米合同委員会の構造を、より公式なものにする方向へ動くべきではない」（１９７２年５月29日の太平洋軍司令官の見解、同前）

つまり、こんなおかしなことはやめるべきだと何度も主張する国務省に対し、米軍側は、

「**いいんだよ。あいつら日本人が、それでいいっていってるんだから**」

と、くり返しいっているわけです。

このことは、横田空域に代表される日本の事実上の占領継続状態が、けっして「アメリカの陰謀」などによるものではなく、「戦後日本という巨大な利権を手放したくないアメリカの軍部（＝米軍）」と、「それに全面的に服従する日本の官僚組織」が原因だということをよくあらわしています。

「米軍＋日本の官僚」が、日本の法的権力構造のトップに君臨している

さらに注目していただきたいのは、日米合同委員会の日本側の代表代理の筆頭として、法務省大臣官房長というポストが書かれていることです。だからこのポストについたエリート法務官僚は、みな基本的に「日米合同委員会」の中心メンバーになる。そこで歴代の法務省の大臣官房長が、その後どんなコースをたどったかを調べてみると、なんとその多くが法務省のトップである事務次官をへて、検事総長になっている。

つまり**60年以上つづく、米軍と日本の官僚の共同体であるこの「日米合同委員会」が、検事総長を出すという権力構造ができあがってしまっている**のです。

加えて、ＰＡＲＴ３でくわしくご説明しますが、「砂川《すながわ》裁判・最高裁判決」というひとつの判決によって、日本の最高裁は１９５９年以降、事実上、機能しなくなっているわけです。最高裁が機能しない状況のなかで検事総長を出す権利をにぎっているわけですから、**日本の法的権力は、この日米合同委員会がにぎっている**ということになる。

しかもそれが70年近くつづいていて、その間、それなりにギリギリの交渉をして、日米間の軍事上の問題をほとんど決めてきたという経緯がある。

だからここで話しあって決まったことに、根まわしをせず真正面から立ちむかっていったら、もう終わり。ジ・エンドなわけですね。米軍関係者と日本の官僚、検察が一体となった「日米安保村」の総攻撃によって、あっというまにつぶされてしまう。それが2009年から翌年にかけての、民主党・鳩山政権に起こった出来事でした。

もちろんこうした問題は、それぞれの官僚個人の責任ではありません。というのは、外務省北米局長とか、法務省大臣官房長とか、日本のエリート中のエリート官僚たちが、みなこの委員会のメンバーになっているのですが、それは原則としてポストで選ばれる仕組みになっているので、彼らの上司も、そのまた上司も、さらにその上司も、というふうに、その人物の上司たちはみんな、この共同体の元メンバーなわけですね。だから絶対に逆らえないような仕組みになっているわけです。

「じゃあどうしたら、やめられるんですか」

こうしたこと、つまり日本は敗戦から70年たったけれども、軍事的にはまだ米軍に占領されている状態にある。それが「法的に決められている」のだということを、日米安保条約や、そのもとでむすばれた日米地位協定、さらには日米合同委員会で合意された密約など、さまざまな具体的な条文を紹介しながら前の本でご説明しました。
するると読者の人から、よく次のような質問を受けるようになったのです。

①「どうして日本だけ、そんなめちゃくちゃな状態になっているんですか」
②「どうしてそこまで不平等な取り決めをむすんでしまったんですか」
そしてもっとも多い質問は、
③「じゃあどうしたら、そのめちゃくちゃな状態をやめることができるんですか」
というものでした。

すべて非常にもっともな、本質的なご質問だと思うのですが、時間がなく、ひとことで答えなければならないときがほとんどですので、そういう場合はそれぞれ、
⑴「日本はまだ、戦後処理がきちんと終[*5]わっていないということだと思います」
⑵「やはり最初の交渉相手だったダレスという人間が、手ごわすぎたんだと思いま

す」

とお答えすることにしています。

しかし最後の、

「じゃあ、どうしたらやめられるんですか」

という質問には、これまでいつも、

⑶「まったくわかりません。でもどこから局面が打開されていくかわからないので、みんなそれぞれが自分の持ち場で最善をつくす、やれることをやる、それしかないんじゃないでしょうか」

と抽象的に答えることしかできませんでした。それが正直な気もちだったからです。

＊5　ジョン・フォスター・ダレス（1888〜1959年）は、サンフランシスコ平和条約と旧安保条約のアメリカ側交渉責任者。祖父も叔父も国務長官をつとめた名門の出身で、みずからも外交官経験のある大物弁護士でしたが、国務省の顧問として対日平和条約交渉を成功にみちびき、1953年からアイゼンハワー政権の国務長官となりました。

どうしようもない無力感――交渉すればするほど、悪くなる

たしかにこの米軍による日本支配の構造を遠くからながめていると、どうしようもない無力感におそわれます。どんな交渉をしようと、最後はアメリカ側が過去の密約をだしてきて、結局いうことを聞かされてしまう。むしろ交渉すればするほど、前よりもっと不利な条件をのまされてしまうことになる。

それならいっそ本格的な交渉などせず、ひたすら現状維持、つまりできるだけアメリカを刺激しないようにして、いまある権利だけをまもっていったほうがいいんじゃないか。

そういう気もちになるのも、よくわかります。

考えてみると戦後の日本のリベラル派というのは、そういう無意識の大戦略のもとに憲法9条を押したてて、自衛隊の海外派兵という一点だけは、なんとか阻止してきた。そういう歴史だったのではないかと思います。

9条2項の「戦力不保持」のほうは、もうだれが見てもあきらかな矛盾とごまかしがあったわけですが、その点には目をつぶり、9条1項の理念、つまり武力によって

国際紛争の解決をしない、自分たちだけは自衛以外の戦争をしないという「戦争放棄」の大原則だけは、まもりつづけてきた。そこは評価されるべき点だと思います。

「9条1項・立憲主義」

いわばそれは、「9条1項・立憲主義」だったのではないかと私は思っています。日本の支配層が伝統的にもつ反民主主義的な体質や、アメリカの軍部から加えられる軍事的一体化への強いプレッシャー。そうした圧倒的に不利な状況のなかで、なんとか抵抗をつづけ、「権力者をしばる鎖」としての立憲主義のリソース（=人的・時間的エネルギー）を、憲法9条1項（戦争放棄）の理念に集中させてきた。

つまり憲法9条を、日本政府というよりも、むしろその背後にいる米軍をしばる鎖として使ってきた。そして米軍をしばることによって、同時に日本の右派の動きもおさえこんできた。おそらくそれが日本の戦後70年だったのだと思います。

しかし、その鎖は何年も前から周到に準備された計画のもと再登場した、安倍晋三氏という政治的プレイヤーの手で、すでに引きちぎられてしまいました。その結果、大きな矛盾を内側にかかえながらも、長い平和な暮らしと経済的な繁栄、そして比較的平等な社会を半世紀以上にわたって実現した「戦後日本」という政治体制は、ついに終焉《しゅうえん》のときをむかえることになったのです。

必要なことは「重要な問題ほど、近くまでいって、きちんと観察する」ということ

ですからこれから私たちは、新しい発想で、新しい社会のかたちをつくっていかなければなりません。そして自衛隊の海外派兵だけでなく、米軍基地の問題も、原発の再稼働や被曝《ひばく》の問題も、その他多くの問題も、すべていっしょに解決できるような「新しい鎖」を、自分たちの手でつくっていかなければならないのです。

そのために必要なことは、おそらくひとつだけだと私は思っています。

それは「重要な問題ほど、近くまでいって、きちんと観察する」ということ。

先ほどもふれたように、遠くから見ているだけだと、圧倒的な力をもつ米軍の支配は絶対に揺るがないように思えてしまいます。もう抵抗してもしかたがないんじゃないか、そう思ってしまう。

けれども近くまでいってよく見ると、その根っこには世界で日本にだけしかない異常なシステムがあり、しかもアメリカの国務省自身が、そういう異常なことはもうやめようと何度も軍部を説得していることがわかります。

　そこには日本人にとってあきらかな希望がある。私たちのおかれた現状を「あまりにもおかしい」と思っている人たちが、実はアメリカ政府のなかにもたくさんいる。だからあきらめる必要など、まったくないことがわかるのです。

　しかし現実には、アメリカ政府がこれまで何度も検討した米軍の大規模な撤退計画に対し、日本政府自身が反対しつづけてきたという事実[*6]があります。そして駐留経費を肩がわりしてまで「占領の継続」をたのみ、アメリカの外交官でさえおどろくような米軍への従属状態をみずから望んでつづけてきてしまった。そういう長い倒錯の歴史があるのです。

　いったいそれはなぜなのか。

　私はその原因のひとつは、戦後日本という社会のなかに存在する「大きなねじれ」と、そのとけない謎が生みだした社会的混乱にあるのではないかと思っています。

＊６　野添文彬《のぞえふみあき》・沖縄国際大学講師（当時）の発掘した、アメリカやオーストラリアで機密解除された公文書の研究など（「米、在沖海兵隊撤退を検討　復帰直後　日本が残留望む」「琉球新報」２０１５年11月６日他）。

私たち日本人は自分たちの手で、「大きなねじれ」の謎をとかなければならない

その大きなねじれとは、このあとくわしくご説明するように、

A：「史上最大の軍事力をもち、世界中に出撃して違法な先制攻撃をくり返す在日米軍」と、

B：「いっさいの軍事力をもたないことを定めた日本国憲法9条2項」

という巨大な矛盾です。これほど大きな矛盾を国家の中心にかかえこんだ国も、おそらくあまりないでしょう。

さらにこの矛盾はそれぞれ、Aは古典的な軍事同盟に起源をもち、Bは国連憲章にもとづく戦後の集団安全保障（＝国連軍構想）に起源をもつという、世界史的なスケールをもった矛盾でもあります。

そのなかで私たち日本人は、みずからはBの理念を誇りにしながらも、現実にはA

の論理が世界を支配していくプロセスを、物質的にも金銭的にも強力に支援しつづけてしまった。それが「戦後日本」という国のほんとうの姿だったのです。

そしていま、私たちはついに物やお金の支援だけでなく、みずからが「戦争」そのものをおこなって、Aの論理を強化し、Bの理念（9条2項だけでなく、1項もふくめた憲法9条全体の理念）を完全に否定することを求められているのです。

ですから私たちはここで一度立ちどまり、この大きなねじれの謎をとかなければなりません。そのことは、もちろん自分たち自身のためでもありますが、実は大げさでなく、世界全体のためでもあるのです。

もし私たち日本人がこの問題をうまくとければ、世界全体が現在のアメリカ中心の軍事支配の枠組みから離脱して、第2次大戦直後の集団安全保障の理想に回帰していくきっかけになるかもしれない。逆にうまくとけなければ、日本自身が大きな戦争の引きがねをひく役割をあたえられてもおかしくない。

それほど大きな問題だと私は思っています。

けれどもふり返ってみて私たちは、この国内に存在する巨大なねじれを、これまで真剣にとく努力をしてきたでしょうか。ただ自分の主張を一方的にのべるだけでなく、相手を罵倒するだけでなく、事実にもとづき、意見のちがう人の主張にも耳をかたむけ、国民の大多数が合意できるような国のかたちを考えだし、多くの人に提示しようとする努力をしてきたでしょうか。

日米安保条約というきわめて重要な問題について、また憲法９条２項というきわめて重要な問題について、「近くまでいって、きちんと観察する」努力を、これまでおこなってきたでしょうか。

もっとも私自身、まったくえらそうなことはいえません。高度成長期のまっただなかの１９６０年に生まれ、大学ではまったく勉強せず、デモにも選挙にも行かず、卒業後は広告会社に入ってバブルの絶頂期を20代の終盤でむかえた私などは、まさにその「重要な問題について、近くまでいって観察することを一度もしなかった」典型的な人間だからです。

思えば60年安保、70年安保にかかわったみなさんの行動が、すべて正しかったとはもちろんいえないわけですが、そうした抵抗運動や学生運動のなかには、次の世代が受けついでいくべき重要な問いかけが、たしかに存在した。50年後のいま、ふり返ってみて、あらためてそう思います。

けれども私たち、現在50代の人間は、そうした問いかけを最初にやめた世代となってしまいました。そのことへの心の痛みを感じながら、これからこの本で、

「重要な問題に近づいて、きちんと観察する試み」をおこなってみたいと思います。

日米地位協定・第5条1項（20ページの補足）

合衆国及び合衆国以外の国の船舶及び航空機で、合衆国によって、合衆国のために又は合衆国の管理の下に公の目的で運航されるものは、入港料又は着陸料を課されないで日本国の港又は飛行場に出入することができる。この協定による免除を与えられない貨物又は旅客がそれらの船舶又は航空機で運送されるときは、日本国の当局にその旨の通告を与えなければならず、その貨物又は旅客の日本国への入国及び同国からの出国は、日本国の法令による。

★　★

【解説】前半部で定義されている航空機（アメリカが公的な目的で運航するもの）の旅客にあたえられる特権（日本の当局に通告せず、日本の法令の適用も受けずに出入国することができる）が、逆説的表現によって後半部で定義されています。この特権については１９７３年2月にアメリカのボルカー財務次官が軍用機で横田基地から入国した際、翌月の国会の質疑で外務省（大河原アメリカ局長）が正式に認めています。

辺野古《へのこ》の新基地建設予定地のすぐとなりにある巨大な弾薬庫地区。米軍は密約によって、この地区だけで40以上ある上の写真のような弾薬庫に、いつでも核兵器を運びこめることになっている。　©須田慎太郎

PART 1

ふたつの密約

「基地」の密約と「指揮」の密約

第61-63代内閣総理大臣、佐藤栄作（1901-1975）。
死後、沖縄返還にあたり、アメリカと有事の核持ち込みについて密約をかわしていたことが判明した

みなさんは「密約」という言葉をきいて、なにを思いうかべるでしょうか。

序章でふれたような、日本の官僚が日米合同委員会で米軍とむすぶさまざまな密約。それらはひとことでいうと、在日米軍の日本国内での「違法行為」を、すべて合法化するためにむすばれるもので、私たちの日々の生活にも大きな影響をあたえています。

一方、テレビなどでよく耳にするのは、「核密約」という言葉が多いかもしれません。

たとえば左ページが有名な、佐藤《さとう》栄作《えいさく》首相が１９６９年の沖縄返還交渉で、ニクソン大統領とホワイトハウス内の密室でサインした「沖縄核密約」の原案です。佐藤はこの密約を外務官僚にも知らせず、個人的な密使をつかってむすんでしまったため、その後の日米外交に大きな混乱をもたらすことになりました。

日米合同委員会における密約と、戦後の首相たちがむすんできた密約。

それはどちらも行政機構のもっとも上流で生みだされた「目に見えないルール」であり、その影響には、はかりしれないほど大きなものがあります。ひとつの密約が下

流にいくにつれて無数のウソを生み、そうした無数のウソをごまかすために、また何倍ものウソが必要となってくるからです。

ひとことでいって、まさに「大混乱」といった状況にあるのです。

【「沖縄核密約」の原案】（１９６９年９月30日）

極秘

返還後の核戦争を支援するための沖縄の使用に関する最小限の必要事項

1．緊急事態に際し、**事前通告をもって核兵器を再び持ちこむこと、および通過させる権利。**

2．現存する**左記の核貯蔵地をいつでも使用できる状態に維持し、かつ緊急事態に際しては活用する**こと。

嘉手納《かでな》

辺野古《へのこ》

那覇《なは》空軍基地

那覇空軍施設

および現存する3つのナイキ・ハーキュリーズ基地（＝アメリカ陸軍のミサイル

基地）

極秘

（注：佐藤の密使をつとめた若《わか》泉《いずみ》敬《けい》・京都産業大学教授が、キッシンジャー大統領補佐官から手渡されたもの。実際にはこの内容を「共同声明についての合意議事録」の形式に書きなおした文書が、１９６９年11月19日の日米首脳会談で両首脳によってサインされました。［若泉敬『他策《たさく》ナカリシヲ信《しん》ゼムト欲《ほっ》ス』より］）

「基地権密約」と「指揮権密約」

けれども今回、安保法案の審議のなかでみえてきた、自衛隊関係の密約について調べていくうちに、**一見、大混乱のなかにあるようにみえる日米の密約も、ふたつの大きなジャンルに分けることができること。その分類にしたがって見ていくと、問題がかなりすっきりと整理されてくることがわかりました。**

そのことについて、これからくわしくご説明したいと思います。

これまで日本とアメリカのあいだでむすばれてきた膨大な数の密約は、そのほとんどが日米安保に関するもの、つまり軍事関係の取り決めでした。それらは大きくいうと次のふたつのジャンルに分けることができます。

① 米軍が日本の基地を自由につかうための密約（「基《き》地《ち》権《けん》密約」）
② 米軍が日本の軍隊を自由につかうための密約（「指《し》揮《き》権《けん》密約」）

第2次大戦で多くの戦死者をだし、激しい戦いのすえに日本に勝利した米軍（＝アメリカの軍部）は、占領が終わったあとも、日本の国土を自分たちの基地として自由につかいつづけたいという強い欲求をもっていました。

それを実現するための密約が、①の「基地権密約」です。

加えて米軍は、日本が二度とアメリカの軍事的脅威にならないよう、占領終結後も日本の「軍隊」を自分たちの指揮下におきつづけたいという欲求をもっていました。

それを実現するための密約が、②の「指揮権密約」です（本書ではこのジャンルに、日本の再軍備に関する密約と、日米の戦争協力や共同軍事行動に関する密約もふくまれるものとします）。

１９５２年にいちおうの独立をはたした「戦後日本」に対し、米軍はその後もずっと、このふたつの欲求をもちつづけました。どちらのジャンルの密約についても、それらをむすぶ最大の動機となったのは、日本の独立直前に始まった朝鮮戦争でした。

日本政府の対応

一方、そうした米軍の要求に対する日本政府の対応は、かんたんにいうと次のようなものでした。

⑴「日本の基地を自由につかう権利」（＝基地権）については、核兵器の地上への配備をのぞいて、結果としてほとんどすべての要求に応じ、密約をむすんできた。

⑵「日本軍を指揮する権利」（＝指揮権）については、自衛隊を創設して、それが戦時には米軍の指揮下に入ることは密約で認めたものの、その行動範囲はあくまで国内だけにとどめ、国外での軍事行動については拒否しつづけてきた（２０１５年まで）。

つまり「基地の権利」については、ほぼ全面的に譲歩するかわりに、「指揮の権利」については国民の声を背景に抵抗し、国外での軍事行動をおこなうことだけはずっと拒否しつづけてきた。そして戦後70年のあいだ、米軍が駐留する日本を攻撃してくる国はどこにもなかったので、結果としてほとんどの日本人は「戦争」とは無縁の生活をおくることができたのです。

私はいつも自分の本のなかで、沖縄を中心とする米軍基地の被害（＝⑴の方針がもたらしたもの）について、きびしく批判しているのですが、よく考えると自分はそれとひきかえに実現した、半世紀以上つづいた平和（＝⑵の方針がもたらしたもの）の恩恵をもっとも受けた世代でもあり、そのことを考えるといつも複雑な思いにとらわれます。

自分自身のなかにもまだ、「とけない大きな謎」がのこされているのです。

基地権密約の時代（１９５２〜２０００年）

もともと私は沖縄の米軍基地から調査を始めた人間なので、これまで本を書くときは「基地権」の問題にばかり注意がむいて、「指揮権」の問題についてはあまりよくわかっていませんでした。

でも、それは私だけでなく、日本の研究者やジャーナリスト、メディア全体にも同じことがいえると思います。これまで本や新聞、テレビなどでとりあげられてきた日米間の密約は、ほとんどすべてが「基地権密約」、つまり「米軍が日本の基地を自由につかうための密約」というジャンルに入るものでした。

戦後長らくつづいた冷戦の時代、「太平洋の対岸に浮かぶ日本の国土全体を、自国の基地として自由につかう権利」は、アメリカの世界戦略にとって、はかりしれないほど重要な意味をもっていたからです。

一方、「日本の軍事力をつかう権利」については、「基地の利用」にくらべると優先順位が低かった。

そのため「指揮権」の問題については、とりあえず日本国内で自衛隊を米軍のコントロール下においておけば、それでよいと考えられていた。海外への派兵まで求めて反発をまねき、日本の米軍基地がつかえなくなるようなリスクはおかしたくない。そういう判断が、米軍にもアメリカ国務省にも、１９９０年代まではずっとあったようです。

安保関連法の成立によって、「指揮権密約」のもつ意味が大きく変化した

そのため日本は、実際にはこれまで、さまざまなかたちでアメリカの戦争に協力してきたのですが、自分たちが国外へ出て戦うことだけは拒否することを許されてきた。だからいままで「指揮権密約」、つまり「米軍が日本の軍隊を自由に指揮するための密約」については、ほとんど議論されることがなかったのです。

たとえ「戦争になったら、米軍の指揮下に入る」という密約があったとしても、それが国内だけの話なら、専守防衛という日本の方針とそれほど矛盾はないじゃないか。長らくそう考えられてきたからです。

ところが安倍政権が成立させた2015年の安保関連法によって、状況は一変してしまいました。もしこの「指揮権密約」をのこしたまま、日本が海外で軍事行動をおこなうようになると、

「自衛隊が日本の防衛とはまったく関係のない場所で、米軍の指揮のもと、危険な軍事行動に従事させられる可能性」や、

「日本が自分でなにも決断しないうちに、戦争の当事国となる可能性」

が、飛躍的に高まってしまうからです。

「基地権密約」の構造

そのため、これまでほとんど研究されてこなかったこの「指揮権密約」について、急いで検証しなければならなくなりました。しかしそのためには、少し遠まわりになりますが、まず「基地権密約」についての説明を聞いていただく必要があります。というのも「指揮権密約」の実態が、本書の「はじめに」で紹介した吉田茂《しげる》の口頭密約以外、まだほとんど闇につつまれているのに対し、「基地権密約」のほうは研究者のみなさんの長年の努力によって、全体の構造がほぼあきらかになっている。だから、そのあきらかになった「基地権密約」のモデルをつかって、「指揮権密約」の実態を解明していく必要があるのです。

この「基地権密約」の問題について、これまで最重要文書のほとんどを発掘してきたのが「密約研究の父」であり、また「日米密約研究」という研究ジャンルそのものの創始者といってよい、国際問題研究家の**新原昭治**さんです。

新原さんの研究がすごいのは、数多くの密約文書をみずから発見しただけでなく、その背後に「基地権（base right）」という概念が存在することに早くから気づき、さらに米軍のもっているその「基地権」が、二度の安保条約をへて、現在でも占領期とほとんど変わらないまま維持されていることを、どんな反論も許さないほど明確なかたちで証明してしまったところにあります。

その見事な証明について、代表的な発掘文書をあげて説明すると左のようになります。

占領期（１９４５～52年）

⇦「基地権」の維持 証明 ⇩ （秘密文書①）「在日米軍基地に関する極秘報告書」

占領終結：旧安保条約（１９５２年～60年）

（秘密文書②）「基地権密約」

⇦「基地権」の維持 証明 ⇩ （秘密文書③）「砂川裁判関連文書」

安保改定：新安保条約（１９６０年～現在）

つまり右のとおり、「秘密文書①」の発見によって、１９５２年の独立後も占領期

国際問題研究家、新原昭治氏。
数多くの密約文書を発掘、その背後に「基地権」という概念があることを発見した

と同じ米軍の「基地権」が維持されていたことが、さらに「秘密文書②」と「秘密文書③」の発見によって、1960年の安保改定後も、その「基地権」がそのまま「構造的に維持された」ことが、証明されることになったのです。

私の前の本（『日本はなぜ、「基地」と「原発」を止められないのか』）の第2章は、この新原さんの研究をもとに書いたものなので、すでに同書を読まれたかたは、このあとの説明は飛ばして82ページに進んでいただいてもけっこうです。

でも、できればおさらいの意味もかねて、もう一度つぎの説明をじっくり読んでみてください。この「基地権密約」の構造をしっかり頭に入れていただくことが、まだ解明されていない「指揮権密約」の問題を理解するうえで、非常に重要な意味をもつからです。

秘密文書①：1957年の極秘報告書
——1952年の独立後も、軍事占領は継続した

まずひとつめの秘密文書が、次ページの「在日米軍基地に関する極秘報告書」です。これは１９５７年２月14日に、東京のアメリカ大使館からワシントンの国務省に送られた報告書で、当時アイゼンハワー大統領の指示によって作成されていた「世界の米軍基地に関する極秘報告書」（「ナッシュ報告書」）のための基礎資料として、日本のアメリカ大使館が作成したものでした。

（右）アメリカ第34代大統領（1953-1961）、ドワイト・デヴィッド・アイゼンハワー。（左）フランク・C・ナッシュ元国防次官補

そのころ再選されたばかりだったアイゼンハワー大統領は、世界の米軍基地についてのリアルな現状や問題点を、できるだけ正確に把握したいと考えていました。そこでフランク・C・ナッシュ元国防次官補を責任者として、米軍基地のある国の大使館や米軍組織を総動員して大規模な実態調査をおこなっていたのです。

ですからここに書かれているのは、絶対にウソのない事実なのですが、そこに描きだされた日本の米軍基地の実態は、まさにおどろくべきものでした。以下、その報告書の内容を一文ごとに分け、番号をふったものに、私のかんたんなコメン

在日米軍基地に関する極秘報告書

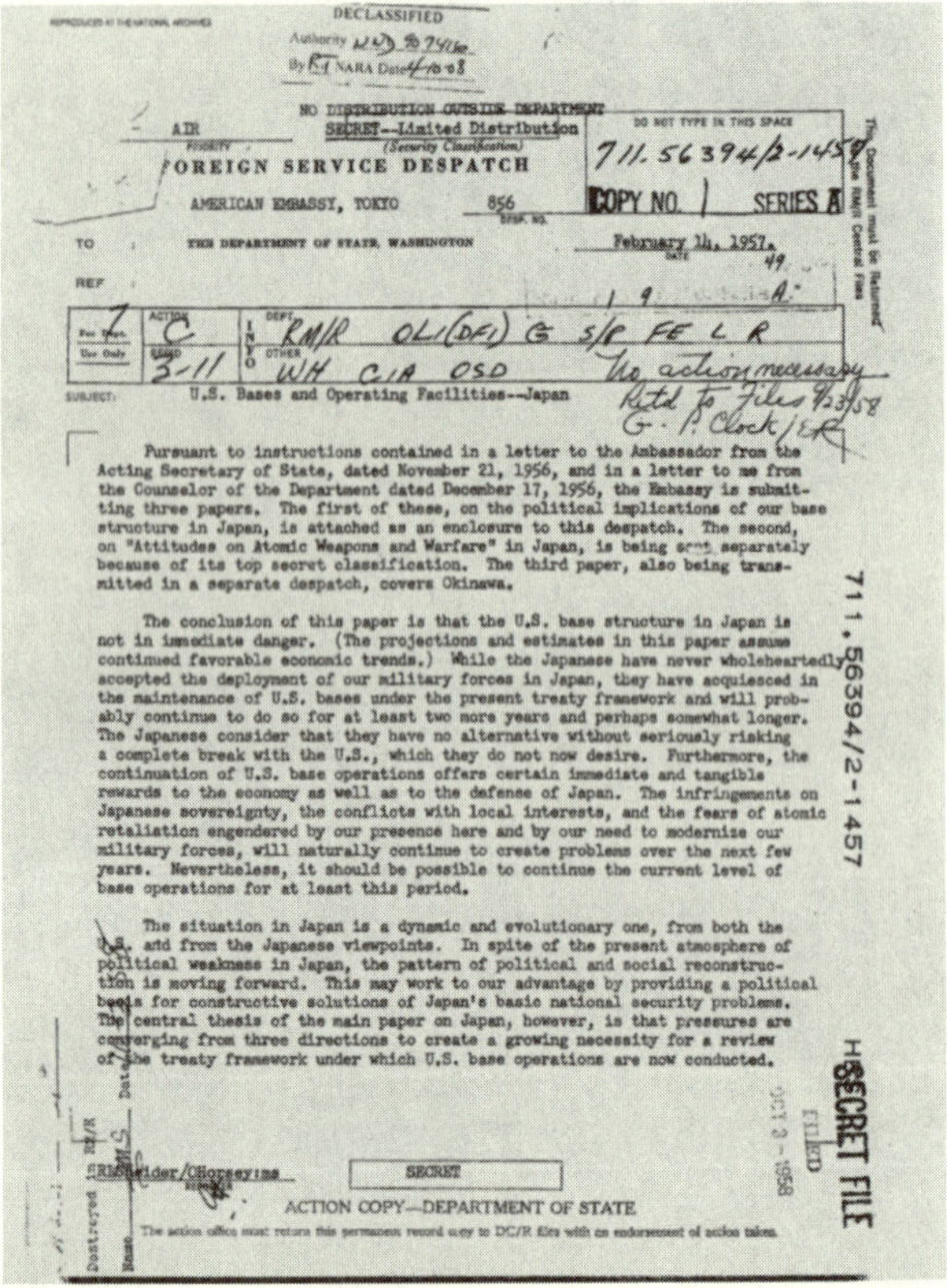

DECLASSIFIED

NO DISTRIBUTION OUTSIDE DEPARTMENT

AIR

SECRET--Limited Distribution

(Security Classification)

FOREIGN SERVICE DESPATCH

DO NOT TYPE IN THIS SPACE

711.56394/2-1457

AMERICAN EMBASSY, TOKYO 856

COPY NO. 1 SERIES A

TO : THE DEPARTMENT OF STATE, WASHINGTON February 14, 1957.

REF :

ACTION C

INFO RM/R OLI(DFI) G S/P FE L R

OTHER WH CIA OSD

SUBJECT: U.S. Bases and Operating Facilities--Japan

Pursuant to instructions contained in a letter to the Ambassador from the Acting Secretary of State, dated November 21, 1956, and in a letter to me from the Counselor of the Department dated December 17, 1956, the Embassy is submitting three papers. The first of these, on the political implications of our base structure in Japan, is attached as an enclosure to this despatch. The second, on "Attitudes on Atomic Weapons and Warfare" in Japan, is being sent separately because of its top secret classification. The third paper, also being transmitted in a separate despatch, covers Okinawa.

The conclusion of this paper is that the U.S. base structure in Japan is not in immediate danger. (The projections and estimates in this paper assume continued favorable economic trends.) While the Japanese have never wholeheartedly accepted the deployment of our military forces in Japan, they have acquiesced in the maintenance of U.S. bases under the present treaty framework and will probably continue to do so for at least two more years and perhaps somewhat longer. The Japanese consider that they have no alternative without seriously risking a complete break with the U.S., which they do not now desire. Furthermore, the continuation of U.S. base operations offers certain immediate and tangible rewards to the economy as well as to the defense of Japan. The infringements on Japanese sovereignty, the conflicts with local interests, and the fears of atomic retaliation engendered by our presence here and by our need to modernize our military forces, will naturally continue to create problems over the next few years. Nevertheless, it should be possible to continue the current level of base operations for at least this period.

The situation in Japan is a dynamic and evolutionary one, from both the U.S. and from the Japanese viewpoints. In spite of the present atmosphere of political weakness in Japan, the pattern of political and social reconstruction is moving forward. This may work to our advantage by providing a political basis for constructive solutions of Japan's basic national security problems. The central thesis of the main paper on Japan, however, is that pressures are converging from three directions to create a growing necessity for a review of the treaty framework under which U.S. base operations are now conducted.

711.56394/2-1457

SECRET FILE

SECRET

ACTION COPY—DEPARTMENT OF STATE

The action office must return this permanent record copy to DC/R files with an endorsement of action taken.

当時、東京のアメリカ大使館に在籍していたホーシー駐日公使が責任者となって作成した、全48ページにおよぶ詳細な報告書（次ページからご紹介するのは、その第５ページの29行目から第６ページの７行目までの連続する24行を、矢部が翻訳したものです。貴重な資料を提供していただいた新原昭治さんに、心から感謝を申しあげます）

トをつけながら、説明することにいたします。

アメリカの外交官も驚愕した、在日米軍基地の実態

①**「日本国内におけるアメリカの軍事活動のおどろくべき特徴は、その物理的な規模の大きさに加えて、アメリカのもつ基地権《ベース・ライト》の範囲の広さにある」**

⇩〔この報告書のための調査を日本でおこなったホーシー公使「アメリカ大使館のNo.2」のおどろく顔が、目にうかぶようなコメントです。

つまり独立からすでに5年がたった1957年現在、日本国内には、いまだに巨大な米軍基地が数多くあって、いつも大規模な軍事演習をおこなっている。それはだれでも見ればわかることだが、調べてみてもっとおどろいたのは、そうした基地をつかううえでアメリカにあたえられた「法的な権利とその範囲の広さ」だと、かれはいっているのです。そうした法的権利の総称として、ここで「基地権」という言葉がもちいられています〕

②**「(旧) 安保条約・第3条にもとづく行政協定は、アメリカが占領中にもってい**

た、軍事的活動を独自におこなうための権限と権利を、アメリカのために大規模に保護している」

⇩〔この報告書では、このあと何度もこの「行政協定」という言葉がでてきます。これは旧安保条約とセットになった協定で、米軍が日本国内でもつ法的な特権についてさだめたものです。現在の「地位協定」の前身となった協定ですが、その関係は左のとおりです。

その行政協定によって、米軍が占領中にもっていた権限と権利は占領終結後もほとんど維持されたということを、この文章はのべているのです〕

発効年度	条約名の略称		協定名の略称
1952年	旧安保条約	＋	行政協定（または日米行政協定）
1960年	新安保条約	＋	地位協定（または日米地位協定）

③「(旧)安保条約のもとでは、日本政府とのいかなる相談もなしに、『極東《きょくとう》における国際平和と安全の維持に貢献するため』という理由で米軍をつかうことができる」

⇩〔これがみもふたもない日本の真実です。みなさんは、安保条約の「極東条《じょう》項《こう》」という言葉をお聞きになったことがあるでしょうか。アメリカが「極東の平和と安全のために必要」と判断すれば、米軍は日本の国内でも国外でも、どんな軍事行動でもおこなうことができる。その法的な権利が、旧安保条約［第1条］や新安保条約［第6条＋密約］の条文で、はっきりとさだめられているのです。

ここで最大の問題は、「極東の平和と安全のため」に軍事行動が必要だとするアメリカの「判断」について、私たち日本人がいっさいかかわれないということです。だから独立国であるはずの日本の国内で、米軍は「日本政府とのいかなる相談もなしに」自由に行動することができるのです。

ふだんはいろいろとこまかな取り決めをむすんで、日本人が反発しないように配慮していますが、交渉がうまくいかないと、この「みもふたもない真実」が姿をあらわします。

シビアな日米交渉の席上で、よくアメリカ側の交渉担当者が、

「この方針はすでに米軍の上級司令官が決定したものなので、日本政府が承認するかどうかという問題ではない」（第1回・安全保障協議委員会／1960年9月8日）

などと発言しているのは、そういう意味なのです。

序章でご紹介した横田空域の問題や、普天間基地（沖縄）や横田基地（東京）へのオスプレイの配備など、いくら住民の反対があっても日本政府が「やめてくれ」といえないのは、そうした条約上の権利を米軍が、もともともっているからなのです」

④**「こうした〔基地の〕あり方は、将来、もしも在日米軍が戦争にまきこまれたときには、日本からの報復を引きおこす原因となるだろう」**

⇩〔機密解除された公文書を読んでいると、アメリカの外交官たちがよくこのような心配をしていることがわかります。こうした占領の継続のような異常なことはもうやめて、もっと正常な、長期的に維持できるような関係をつくらないといずれ大変なことになると、国務省のいろんなポストの人たちが主張しています［↓39ページ］。同時に、なぜ日本人自身が現在の異常な状況に対してなにも文句をいわないのか、かれらは不思議でしかたがないのです」

⑤**「行政協定のもとでは、新しい基地についての条件を決める権利も、現存する基地をもちつづける権利も、米軍の判断にゆだねられている」**

⇩〔これがいま大問題となっている、辺野古の新基地建設問題の「正体」です。③でみたように、基本的に米軍は日本国内でどんな行動もできるわけですから、基地をつくる権利ももっています。逆に普天間基地のようにどれだけ危険な基地があっても、日本政府は米軍の了承がないと、米軍基地に指一本ふれることができない。もともとそういう取り決めになっているのです。

そのため「基地の移転」や「訓練の中止」などが日本側から要求されると、米軍はかならず「いままでと同じかそれ以上の権利」を確保するための代替案を求めてきます。それは交渉担当者が強欲だからそうしているわけではなく、もともとかれらが条約上、そういう法的権利をもっているからなのです。

もちろん、米軍がそのような法的権利をもっているということは、あとでくわしくお話しするように、「反対運動をしても仕方がない」とか、「反対運動には意味がない」ということを意味しません。反対運動で米軍側の要求をくいとめながら、同時に根本的な法的構造にもメスを入れる必要がある。そのことを日本でいちばんよくわかっているのは、もちろん沖縄の人たちです〕

⑥「それぞれの米軍基地についての基本合意に加え、地域の主権と利益を侵害する数

多くの補足的な取り決めが存在する」

⇩〔地域の主権を「守る」のではなく、「侵害する数多くの取り決めが存在する」と、サラッと、とんでもないことが書かれています。

　在日米軍の本質は、「とにかく日本国内で、なんの制約もなく自由に行動できる法的権利をもっている」ということです。しかし軍隊が自由に行動すれば、さまざまなかたちで住民の生活に被害をあたえることになる。そうした事実を隠蔽《いんぺい》し、米軍が日本の法体系の範囲内で行動しているようにみせかけるためにむすばれたのが、行政協定や地位協定です。

　けれども、本質は「米軍は自由に行動する」ということですから、どうしても住民の人権を大きく侵害してしまう。その問題を密室で処理するためにつくられたのが、序章でみた日米合同委員会なのです。

　ですから軍用ヘリが墜落したり、米兵が日本人を射殺するといった大問題が起こると、この委員会のメンバーたち（米軍の代表と日本の官僚の代表）が密室で話しあい、とにかく米軍に有利なように日本の法律の条文を解釈しなおして、問題を「合法化」してしまう。そしてその解釈を、そのあともずっと引きついでいく。もともと、そういう目的のためにつくられた組織なのです。

行政協定時代（1952〜1960年）に日米合同委員会で合意された、米軍に有利な条文の解釈は、このあとご紹介する「基地権密約」によって、すべて地位協定（1960年〜現在）のなかに受けつがれています」

⑦**「数もわからない、非常に多くのアメリカの諜報機関と防諜機関のエージェントたちが、なんのさまたげもなく日本中で活動している」**

⇩〔これは「序章」で、すでにお話ししたとおりです。アメリカに対しては、日本は「国境がない国」だということです。具体的には書いていませんが、基地についての調査報告書のなかに書かれているわけですから、こうした諜報機関のエージェントが米軍基地をとおって日本へ入国していることは確実です〕

⑧**「米軍の部隊や装備、家族なども、地元とのいかなる取り決めもなしに、また地元当局への事前連絡さえなしに、日本に自由に出入り《アクセス》することを正式に許されている」**

⇩〔在日米軍基地に関する取り決めには、基地のなかだけでなく、国外からもふくめて「基地への自由な出入り《アクセス》」を絶対的に保障する条項が存在します。これが序章でふれた横田空域の問題につながってくるわけですが、この問題についてはあとでくわしく解説します」

⑨「すべてが米軍の決定によって、日本国内で大規模な演習がおこなわれ、砲弾の発射訓練が実施され、軍用機が飛びまわり、その他、非常に重要な軍事活動が日常的におこなわれている。それらの決定は、行政協定によって確立した〔アメリカの〕基地権《ベース・ライト》にもとづいている」

⇩〔「どんな場所で、どんな演習をするか、どんな軍事活動をするか、すべて米軍が独自に決められることになっている」と報告されています。たとえばアメリカ本国ではその危険性のために、何度も訓練が中止に追いこまれているオスプレイが、日本にだけはノーチェックでどんどん配備されていくのも、そうした法的権利が確立されているからなのです」

　そして報告書はこのパートのまとめとして、

「このような強制された基地のあり方《インポージング・ベース・システム》に対し、これまで日本人はおどろくほどわずか《サプライジングリー・リトル・》な抵抗《レジスタンス》しかせず」、「日本の主権が侵害されるなか、米軍基地の存在をだまって受け入

れてきた」

とのべ、しかしそうした状況をそのまま受け入れていこうという勢力が存在する一方で、期限を決めて終了させようという動きもある。だから日本の米軍基地問題は、**「現在、重大な岐路にさしかかっている」**と結論づけています。

④でもふれられているように、このような、

「いくらなんでも、こんなめちゃくちゃなことは、いつまでもつづかないだろう」

というアメリカの外交官たちの常識的な判断が、これから3年後に安保改定を生むひとつの大きな要因にもなっているのです。

秘密文書②：「基地権密約」の発見
——1960年の安保改定後も、軍事占領は継続した

このように新原さんの発見した「1957年の極秘報告書」（秘密文書①）によって、1952年の独立後も、日本では軍事的な占領状態が継続されたことが、完全に証明されてしまいました。

この報告書を読んで、日本の米軍基地容認派の、とくに自称右派の政治家のかたたちは、少し反省していただければと思います。みなさんは、ご自分が大好きなアメリ

カのエリート外交官たちから、心の底から不思議がられ、また軽蔑されているのですから。

そして次にご紹介するのが、日米密約研究のなかでも最大の発見といえる「基地権密約文書」（秘密文書②）です（↓左ページ）。これはＰＡＲＴ３でご説明する「砂川裁判関連文書」（秘密文書③）と同じ２００８年の４月に、新原さんがアメリカ国立公文書館で発見されたものです。

まだそれから10年ちょっとしかたっていないので、ほとんどの日本人がこの密約文書について、知らないのもムリはありません。

しかし、１９６０年の安保改定時にむすばれたこの「基地権密約」は、21世紀の日本で生きる私たちにとって、はかりしれないほど重大な意味をもっています。それはすでにご紹介した「１９５７年の極秘報告書」が証明した、日本における米軍の占領継続状態が、現在もまだつづいていることを完璧なかたちで証明するものだからです。

基地権密約文書

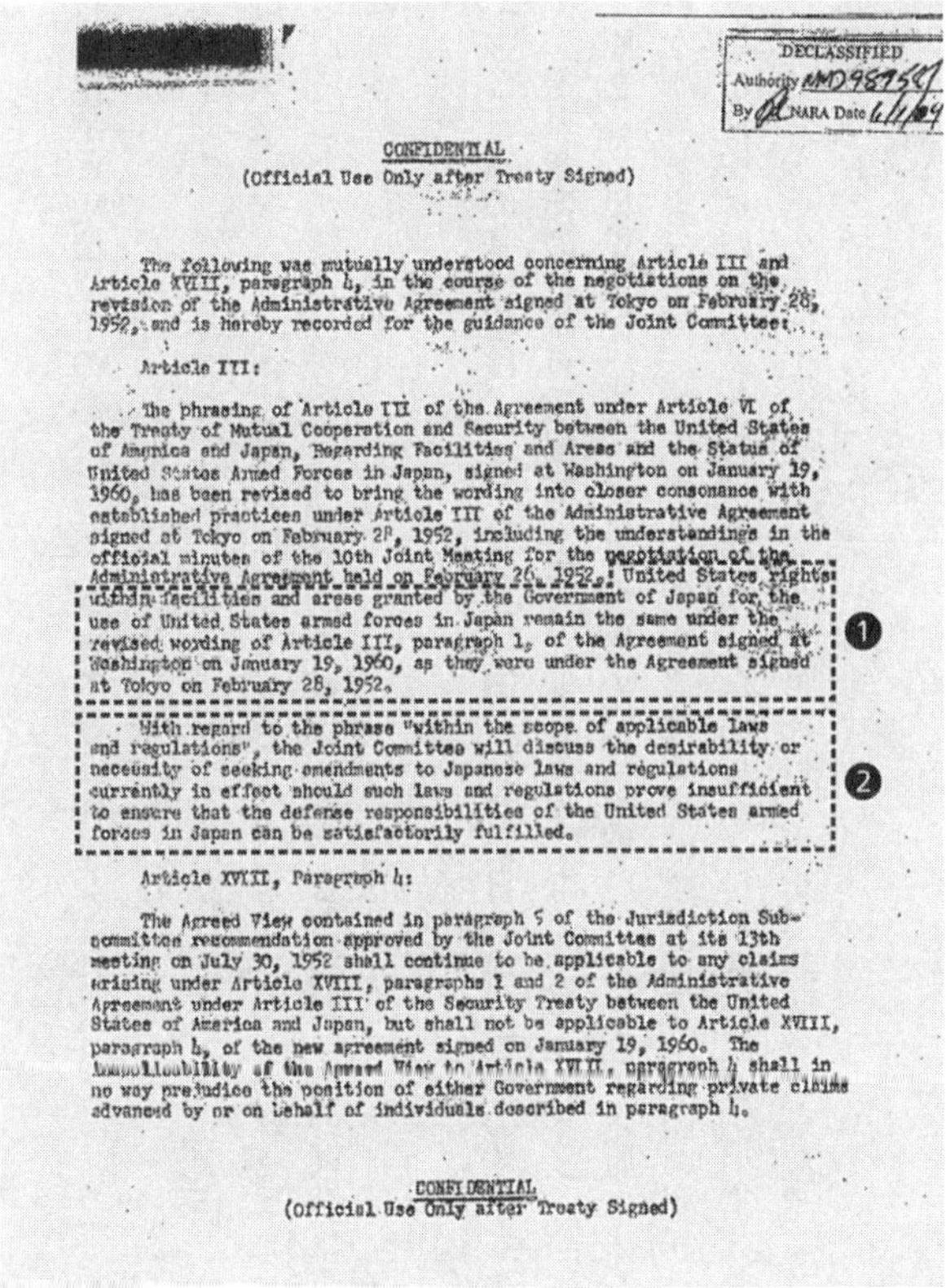

[redacted]

DECLASSIFIED
Authority NND 98758
By NARA Date

CONFIDENTIAL
(Official Use Only after Treaty Signed)

The following was mutually understood concerning Article III and Article XVIII, paragraph 4, in the course of the negotiations on the revision of the Administrative Agreement signed at Tokyo on February 28, 1952, and is hereby recorded for the guidance of the Joint Committee:

Article III:

The phrasing of Article III of the Agreement under Article VI of the Treaty of Mutual Cooperation and Security between the United States of America and Japan, Regarding Facilities and Areas and the Status of United States Armed Forces in Japan, signed at Washington on January 19, 1960, has been revised to bring the wording into closer consonance with established practices under Article III of the Administrative Agreement signed at Tokyo on February 28, 1952, including the understandings in the official minutes of the 10th Joint Meeting for the negotiation of the Administrative Agreement held on February 26, 1952. United States rights within facilities and areas granted by the Government of Japan for the use of United States armed forces in Japan remain the same under the revised wording of Article III, paragraph 1, of the Agreement signed at Washington on January 19, 1960, as they were under the Agreement signed at Tokyo on February 28, 1952. ❶

With regard to the phrase "within the scope of applicable laws and regulations", the Joint Committee will discuss the desirability or necessity of seeking amendments to Japanese laws and regulations currently in effect should such laws and regulations prove insufficient to ensure that the defense responsibilities of the United States armed forces in Japan can be satisfactorily fulfilled. ❷

Article XVIII, Paragraph 4:

The Agreed View contained in paragraph 5 of the Jurisdiction Subcommittee recommendation approved by the Joint Committee at its 13th meeting on July 30, 1952 shall continue to be applicable to any claims arising under Article XVIII, paragraphs 1 and 2 of the Administrative Agreement under Article III of the Security Treaty between the United States of America and Japan, but shall not be applicable to Article XVIII, paragraph 4, of the new agreement signed on January 19, 1960. The inapplicability of the Agreed View to Article XVIII, paragraph 4 shall in no way prejudice the position of either Government regarding private claims advanced by or on behalf of individuals described in paragraph 4.

CONFIDENTIAL
(Official Use Only after Treaty Signed)

マッカーサー駐日大使と藤山外務大臣が1959年12月３日に合意した基地権密約の内容。これと同じ文面の密約文書に、翌1960年１月６日、両者がサインすることになっていました

行政協定と地位協定のあいだに、実質的な変化はなかった

前ページの文書をみてください。１９６０年1月6日に藤山《ふじやま》外務大臣とマッカーサー駐日大使（マッカーサー元帥の甥《おい》。アメリカ側の安保改定の交渉責任者）によってサインされることが決まっていたこの密約文書の、もっとも重要な①の部分に書かれた内容はつぎのとおりです。

「在日米軍の基地権は、１９６０年に調印された日米地位協定の第３条１項によって、それまでの日米行政協定の時代と変わることなくつづく」

（原文：「日本国内における合衆国軍隊の使用のため、日本国政府によって許与された施設および区域（＝米軍基地と米軍使用区域）内での合衆国の権利は、１９６０年1月19日にワシントンで調印された協定（＝日米地位協定）の第3条1項の改定された文言のもとで、１９５２年2月28日に東京で調印された協定（＝日米行政協定）のもとでと変わることなくつづく」

（左）第56・57代内閣総理大臣、岸信介（1896-1987）。（中）マッカーサー駐日大使。連合国最高司令官ダグラス・マッカーサーの甥にあたる（1908-1997）。（右）藤山愛一郎外務大臣。岸の右腕として安保改定交渉を担当した（1897-1985）

「オモテの見かけ《アピアランス》が改善されていれば、それでよい」

つまり「１９５７年の極秘報告書」があきらかにした「占領継続状態」の、法的な根拠となっている行政協定について、「日米新時代」をうたった１９６０年の安保改定では、いっさい手をつけないことが密約で合意されていたということです。

「ほんとうか？」

と思われるかたも多いかもしれません。

しかしこれは歴史的な背景もふくめて完全な事実であることが、すでに証明されているのです。新原さんと親しい戦後史研究家の末浪靖司さんが著書（『機密解禁文書にみる日米同盟』）のなかで、当時のアメリカ側の極秘電報をいくつも発掘し、紹介しているからです。

それらの電報によれば、安保改定を手がけた当時の岸《きし》首相と藤山外務大臣のふたりは、この行政協定の改定問題について、

「ウラでどんな密約をかわしてもよい。オモテの見かけ《アピアランス》が改善されていれば、それでよい」

という立場をとっていたというのです。

「それはさすがに、いいすぎじゃないのか」

と、みなさんは思われるかもしれません。

しかし残念ながら、まったくいいすぎではないのです。

帝国ホテルでの秘密交渉

話は安保改定の前年、１９５９年の４月にまでさかのぼります。

そのころ、国民にも自民党の政治家たちにもまったく知らされないまま、帝国ホテルの一室で、安保改定交渉はすでに大づめをむかえていました。首相の岸と個人的にも親しかった藤山外務大臣が、オモテ側の正式な日米交渉とは別に、ウラ側での秘密

交渉をくり返していたのです。

当時、マッカーサー駐日大使からワシントンへ、つぎのような極秘電報が何度も送られていました。

「かれ〔藤山外務大臣〕は、行政協定について提案をしてきました。日本政府は本質的にいって、行政協定を広く実質的に変更するよりも、見かけ《アピアランス》を改善することを望んでいます。その場合には、圧倒的な特権が米軍にあたえられ、実質的な〔改定〕交渉にはならないでしょう」（１９５９年4月13日『機密解禁文書にみる日米同盟』）

「かれら〔岸首相と藤山外務大臣〕は、かなり多くの改定を考えていますが、その多くは形だけのもの、すなわち国会に提出されたときに、行政協定の見かけ《アピアランス》を改善するだけのものです」（１９５９年4月29日　同前）

「私は行政協定の実質的な変更を避けるよう、岸と藤山にずっと圧力をかけつづけてきました。岸と藤山はわれわれの見解を理解しています」（１９５９年4月29日　同前）

未来へひきつがれた「占領状態の継続」

これで１９６０年1月にサインされた「基地権密約文書」（77ページ）のうらづけ

がとれ、この文書の正しさが歴史的に証明されることになりました。

岸首相が政治生命をかけてなしとげようとした安保改定は、「条約期限の設定（10年）」や「内乱条項の削除」などという、実質的な改定を実現した点もありました。しかしその一方で、米軍が日本国内の基地を自由につかう権利（＝基地権）については、旧安保条約時代の特権を密約によってすべて継続させてしまったのです。

つまり「ほとんど占領状態の継続だ」という評価が国民に広く共有されていた、旧安保時代の米軍の権利、だれよりも岸自身がもっとも強く批判していたその治外法権的な特権を、この密約によって、すべてそのまま未来へひきついでしまったということなのです。

「3条1項」さえわかれば、行政協定も地位協定もすべて理解できる

この本では、あまりこまかくひとつひとつの条文をおっていくことはひかえますが、それぞれの問題ごとに代表的な例を選んで、条文そのものもご紹介していきたいと思っています。条文の解釈は密約問題における、いわば本質といえるからです。

ここまでお話ししてきたように、**この基地権密約文書が証明したもっとも重大な事**

実は、１９６０年の安保改定において、

「旧安保条約＋行政協定」　⇩　「新安保条約＋地位協定」

という変更がなされたことで改善されたのは、基地権については「実質ではなく、見かけ《アピアランス》だけだった」ということです。

　マッカーサー駐日大使の報告書によれば、岸、藤山とマッカーサーのあいだで、そのことは完全に合意されていたというのです。

　ではそれは具体的に、いったいどういうことだったのか。ひとつ条文を例にして説明することにいたします。

　78ページの基地権密約（日本語訳）には、「日米地位協定の第3条1項」という条文の名が登場します。

　これはもともと「日米行政協定の第3条1項」だったものが改定された条文なのですが、在日米軍の基地権については、このふたつの「3条1項」さえ理解すれば、ほとんどOKといってよいくらい、非常に重要な条文なのです。

　ですから前半と後半にわけて、全文を解説することにします。条文というのはふつうの文章とちがって読みにくいので、最初は太字の部分だけをつなげて読んでみてください。

3条1項の前半は「米軍が基地と使用区域のなかで、なんでもできる権利」

左の条文が、現在の基地問題のすべての基礎といってもいい、日米行政協定と日米地位協定の核心部分です。このふたつの「3条1項」さえきちんと理解できれば、みなさんはほとんどの外務省のエリート官僚よりも、日米安保の問題にくわしくなれます。

ほんとうですよ。これはまったく冗談ではありません。

ただし条文を読むのは、さすがにみなさん慣れていないと思いますので、まず条文はとばして説明のほうから読んでいただいてもけっこうです。

日米行政協定（1952年）**第3条1項**（前半）

合衆国は、施設および区域《ファシリティーズ・アンド・エリアズ》〔＝米軍基地と使用区域〕内において、それらの設定、使用、運営、防衛または管理のため**必要な**または適当な**権利《ライツ》**、権力《パワー》および

権能《オーソリティ》を有する。

⇦ **日米地位協定（1960年） 第3条1項（前半）**

合衆国は、施設および区域（＝同前）**内において、**それらの設定、運営、警護および管理のため**必要なすべての措置を執《と》ることができる。**

まずひとめみて、行政協定と地位協定の同じ「3条1項」という条文（前半部分）が、ほとんどそっくりであることが、おわかりいただけると思います。行政協定の条文の上に、少し赤字を入れたものが地位協定だという本質が、ここによくあらわれています。

では、行政協定（1952年）の条文からみていきましょう。

まず「施設および区域《ファシリティーズ・アンド・エリアズ》」というのは、いわゆる米軍基地と米軍使用区域（演習場や訓練空域など）を合わせた非常に幅広い概念で、「米軍基地と使用区域」と略称します。

つぎに聞き慣れない、

「○○のため必要な（略）権利《ライツ》、権力《パワー》および権能《オーソリティ》を有する」

という言葉がありますが、これは、

「○○のため必要な、なんでもできる力〔フルパワー〕をもっている」

という意味です。

つまり、

「アメリカは米軍基地と使用区域のなかで、なんでもできる絶対的な権力をもっている」

ということになります。それがこの行政協定3条1項・前半部の意味なのです。

しかし、それではいくらなんでもあんまりだというので、岸と藤山の要望により、安保改定後の地位協定では、条文の見かけ《アピアランス》が改善されることになりました。

いったいどう変わったのか、今度は前ページの地位協定（１９６０年）のほうの条文をみてください。

アメリカは米軍基地と使用区域の内側で、

「○○のため必要な、権利、権力および権能〔＝絶対的な権力〕を有する《シャル・ハヴ》」

という行政協定の表現が、地位協定では、

「○○のため必要な、すべての措置を執ることができる《メイ・テイク》」

というマイルドな表現に変えられています。

けれどもそれは、あくまで「見かけ《アピアランス》」だけの変更で、行政協定時代に米軍にあたえられていた、もっとも強い意味での「基地と使用区域のなかでなんでもできる絶対的権力」は、さきほどの「基地権密約」によって、すべてこの新しい表現のなかにひきつがれたということなのです。

3条1項の後半は「米軍が基地と使用区域の外で、自由に動ける権利」

さらにもうひとつ、ご説明します。

3条1項の後半部分にあたる次ページの条文は、かなり読みにくいものですが、そこには非常に重要なことが書かれています。

というのは、すでにみたとおり3条1項の前半に書かれているのは、「基地と使用区域のなか」における米軍の権利についてでした。ところがこの後半に書かれているのは、私たちにとってそれよりはるかに重要な「基地と使用区域の外」における米軍の権利だからです。

米軍が使用する区域の外側で、つまり私たちふつうの市民が暮らす空間のなかで、米軍はどんな権利をもっているのか。実はこの条文こそが、序章でお話ししたあの巨大な横田空域の法的根拠になっているのです。

この条文はただ読んでも意味がわからないと思いますので、まず結論からご説明します。

実は現在、アメリカがもっている在日米軍基地の権利（基地権）には、「基地と使用区域のなか」だけでなく、「基地と使用区域の外でも自由に動ける権利」がふくまれているのです。

ちょっと信じられないかもしれませんが、事実です。

それは左に紹介する3条1項・後半部分によって、米軍は「基地と使用区域にアクセス（出入り）するための絶対的な権利」を保障されているからなのです。これはかなり読みにくい条文なので、先に左ページの説明のほうを読んでください。

日米行政協定（1952年）**第3条1項**（後半）

合衆国は、また、**前記の施設および区域**〔＝米軍基地と使用区域〕**に隣接する土地、領水および空間**または前記の施設および区域の近傍**において、それらの支持、防衛**および管理**のため前記の施設および区域への出入の便を図るのに必要な権利、権力および権能を有する。**本条で許与される権利、権力および権能を施設および区域外で行使するに当っては、必要に応じ、合同委員会を通じて両政府間で協議しなければならない。

日米地位協定（1960年）第3条1項（後半）

⇦

日本国政府は、施設および区域（＝同前）の支持、警護および管理**のための合衆国軍隊の施設および区域への出入の便を図るため、**合衆国軍隊の要請があったときは、合同委員会を通ずる両政府間の協議の上で、それらの施設および区域に隣接し、またはそれらの近傍の土地、領水および空間において、**関係法令の範囲内で必要な措置を執るものとする。**合衆国も、また、合同委員会を通ずる両政府間の協議の上で前記の目的のため必要な措置を執ることができる。

まず行政協定のほうの太字部分を翻訳してみましょう。

それぞれの言葉の意味を説明すると、

○「施設および区域」↓「米軍基地と使用区域」

○「隣接する土地、領水および空間」↓「右に接するすべての空間」

○「支持《サポート》」↓「軍事支援」の意味。「支持」は意図的な誤訳。

○「防衛《ディフェンス》」→「国境外もふくむ軍事行動」
○「必要な権利《ライツ》、権力《パワー》および権能《オーソリティ》を有する」→「絶対的な権力《フル・パワー》をもっている」

となります。つまりここには、

「アメリカは、軍事行動をおこなううえで必要な、在日米軍基地と使用区域へアクセス（出入り）するための絶対的な権利をもっている」

ということが書かれているのです。

密約の「パズル」

かなり難解な条文を読んでもらっていますが、その理由はふたつあります。ひとつはすでにふれたとおり、この条文によって米軍にあたえられた権利が、首都圏上空に広がるあの「横田空域」の法的根拠になっているからです。

もうひとつは１９６０年に岸首相がおこなった安保改定の本質が、この行政協定と地位協定の３条１項・後半部分にもっともよくあらわれているからです。

つまり、こういうことです。

首都圏にある「横田」「座間」「厚木」「横須賀」といった重要な基地について、米軍はこの条文にもとづき、国外から自由に出入りできる「絶対的アクセス権」をもっている。昔からもっていたし、いまでももっている。だから首都圏全体の上空が、太平洋のうえまで米軍の管理空域になっている[*1]のです。

しかし基地や使用区域の内側はともかくとして、外側にまで米軍がそうした「絶対的な権利」をもっているということは、さすがに1960年の安保改定では、日本側も認めることができなかった。

そこで、今度は89ページの地位協定のほうの条文をみてください。

ここでは、米軍の基地と使用区域へのアクセス（出入り）について、

「合衆国が絶対的な権利をもつ」（行政協定）から、

「**日本国政府が、関係法令の範囲内で**必要な措置を執る」（地位協定）

へと、条文が変更されています。

さきほどの3条1項・前半部分の条文でも、同じく「絶対的な権利をもつ」が「必要な措置を執る」に変更されていましたが、主語はどちらも「合衆国」のままでした。

ところが今度は主語が、

「合衆国」→「日本国政府」

と変わり、しかも「関係法令の範囲内で」という言葉がくわえられています。

一見、米軍による治外法権状態が終了し、米軍に対する日本政府の法的コントロールが回復したかのように感じられます。まさに岸首相がスローガンにかかげていた「対等な日米新時代」を象徴するかのような変更です。

＊1　さらに行政協定と地位協定の第5条2項では、この権利の延長として、米軍機や軍用車両、船舶が、基地と基地のあいだや、基地と日本の港や飛行場などのあいだを自由に移動する「基地間移動」の権利を認めており、米軍機は事実上、日本中の空を自由に飛ぶことができるようになっています。

「密約」×「密約」

しかし、そこから先が問題の「基地権密約」の出番なのです。

77ページの②の部分を見てください。ここには、

「地位協定のなかの『関係法令の範囲内で』という表現に関して、もし日本の法律が

米軍の権利をじゅうぶんに保障しない場合は、**それらの法律の改正について、日米合同委員会で協議する**」

という内容が書かれています。[*2]

このあとも出てくると思いますが「日米合同委員会で協議する」と書かれているときは、

「国民にみせられない問題について、アメリカ側のいうとおり密室で合意する」

という意味なのです。

つまり、米軍基地へのアクセス（出入り）については安保改定後も、

「米軍が絶対的な権利をもつ」

という事実は変わらない。それなのに、

「日本国政府が、関係法令の範囲内で必要な措置を執る」

と、条文の見かけだけを変えたことによっておこる矛盾は、日米合同委員会を通じて処理させる。法律そのものを改正させるか、または法律の解釈を変えさせるなどして、対処するということです。

くり返しになりますが、もともとそうした役割をはたすために考えだされたのが、日米合同委員会という闇の組織なのです。

＊2　この部分の正確な訳は、左のとおりです。
「『関係法令の範囲内で』という文言に関して、現に効力のある法令が不適当であることがわかった場合、日本における米国軍隊の防衛責任が満足できるかたちではたせるようにするため、日本の法令の改正を求めることの望ましさまたは必要性について合同委員会は論議する」（『日米「密約」外交と人民のたたかい』新原昭治）

「見かけ《アピアランス》」と「実質」のちがいが、無数の密約を生みだした

以上、少しパズルのようにこみいっていましたが、おわかりいただけたでしょうか。

行政協定と地位協定の同じ「3条1項」というたったひとつの条文をみただけで、両者に実質的なちがいはないこと、しかし「見かけだけは改善する」という岸首相の方針のために、さまざまな法的トリックがもちいられたことが、ご理解いただけたかと思います。

こうした1960年の安保改定の本質である「見かけと実質のちがい」が、このあと日米首脳会談や日米合同委員会で、無数の無益な密約を生みだす原因となっていくのです。

ですから安保と基地の問題について大きなタイムスパンで考えるとき、1960年に改定された新安保条約や日米地位協定の条文にもとづいて議論することに、それほど意味はありません。岸が「見かけ」にこだわった結果、条文に書いてあることと現実が、あまりにもかけはなれてしまっているからです。

なので安保と基地の問題については、まず現実の世界でなにが起きているかをよく観察して、それから旧安保条約と行政協定の条文にさかのぼって検証する。その中間で生まれた密約については、こまかなプロセスを追うよりも、それが生みだされた構造について、しっかり把握するようにする。そうすれば、

日米の軍事関係　＝　見かけの「条約」や「協定」　＋　「密約」

という問題の全体像が、少しずつみえてくるのです。

第45・48-51代内閣総理大臣、吉田茂（1878-1967）

指揮権密約の主役は吉田茂

では、基地権密約についてひととおりご説明したところで、いよいよこれから問題の指揮権密約について、お話ししていくことにします。

基地権密約の主役は岸信介《のぶすけ》でしたが、指揮権密約の主役は吉田茂ということになります。このふたりはいうまでもなく、旧安保条約（１９５２年）と新安保条約（１９６０年）の締結という、「戦後日本」の最大のターニングポイントで、それぞれ舵取りをまかされた日本のリーダーたちでした。

ただ、すでにみてきたように、安保と基地の問題については岸のつくった新安保条約と地位協定をみるよりも、吉田のつくった旧安保条約と行政協定までさかのぼって条文をみたほうが、はるかによくその本質がわかります。

たとえば、ここまでかなりのページ数をつかってご説明したとおり、アメリカのもつ「基地権」については岸が「見かけ《アピアランス》」だけを変えてごまかそうとしたため、それが新たな密約を大量に生みだす原因となってしまいました。

しかし、そもそもこの基地権という権利の本質は、旧安保条約の冒頭にある第1条をみれば、そこにはっきりと書いてあるのです。

旧日米安保条約（1952年4月28日発効）

第1条

平和条約およびこの条約の効力発生と同時に、**アメリカ合衆国の陸軍、空軍および海軍を日本国内およびその附近〔in and about Japan〕に配備する〔dispose〕権利**を、日本国は許与し、アメリカ合衆国はこれを受諾する。（略）

重要なのは、ここでアメリカが手に入れたのが、日本に「米軍基地をおく」権利ではなく、「米軍を**配備する**」権利だったということです。

配備とは、軍隊がたんに基地に駐留することではなく、そこから出撃して軍事行動（＝戦争や演習）をおこなうことを前提とした概念です。

しかも配備できる場所は、ほかの国の基地協定のように「この場所とこの場所」というふうには決められておらず、

「日本国内およびその附近（in and about Japan）」

となっています。これはつまり、アメリカが必要と判断したら、日本中どこに基地をおいてもいい、どんな軍事行動をしてもいいということです。ほんとうに、信じられないほどひどい取り決めなのです。

さらに「日本国内（in）」だけでなく、「およびその附近（and about Japan）」となっているのは、日本に駐留する米軍は、すべて国境を越えて自由に移動できるということを意味しています。このように外国軍に対して「国外への自由攻撃権」をあたえている国は、世界で日本だけなのです。同時にこの部分は90ページでご説明した、米軍基地への「絶対的アクセス権」を保障するための言葉でもあるのです。

異民族支配におけるふたつの段階

この旧安保条約の第1条は、いわば「基地権についての憲法第1条」といっていいでしょう。そのとんでもない内容がすでにご説明したとおり、安保改定で「見かけ《アピアランス》」だけを変え、新安保条約のなかにすべて受けつがれているのです。

もっとも、ここでひとつだけ強調しておきたいのは、こういう条文があるからといって、

「じゃあ、米軍はもうなんでもできるのか」

というわけでは、けっしてないということです。これから指揮権密約の歴史をたどるうえで、どうしてもさきに説明しておきたいのですが、戦後の日米関係を考えるうえで、そこには非常に重要なポイントがあるのです。

それは政治的な支配、とくに異民族の支配には、

①「紙に書いた取り決めをむすぶ段階」（政治指導者の支配）と、
②「その取り決めを現実化する段階」（国民全体の支配）

というふたつの段階があるということです。

たとえば①の段階では、どんな取り決めをむすぶことだって可能です。それこそ「無条件降伏」という、戦争に勝ったほうがなにをしてもよいという取り決めでさえ、紙の上では結ぶことができる。

ただしそれは、あくまで「その国の政治指導者」という、ごく少数の人びとと合意しただけの話であって、何百万人、何千万人もの当事者がいる②の段階では、もちろんそんなことは不可能なわけです。この①と②は、概念のうえでは一体化しているよ

うに思えるけれど、そのあいだには実は非常に大きなへだたりがある。

昭和天皇とマッカーサー

この本ではあまりくわしくお話しできませんが、だから日本占領において、マッカーサーは昭和天皇をあれほど大事にしたわけですね。

マッカーサーはまず最初に、ポツダム宣言にもとづいて何百万人もの日本軍を武装解除するという、非常にむずかしいミッション（任務）をあたえられていました。しかし、かれはそれを「天皇のお言葉（布告）」として軍人たちに命じるというかたちをとった。その結果、特攻までやった日本軍の武装解除という大事業が、まるでウソのようにスラスラとすすむことになったのです。

その後も日本国憲法ができるまでマッカーサーは、自分のもっとも重要な命令を、**「ポツダム宣言にもとづいて、天皇が出す命令」**（＝ポツダム勅令《ちょくれい》）というかたちをとって出しつづけました。そのことによって日本国民の世論をコントロールし、本来なら非常に困難なはずだった②のプロセスを、あっけなくつぎつぎとクリアしていくことができたのです。

それはマッカーサーにとって、まさに「魔法の杖《つえ》」を手に入れたようなものだったでしょう。

一度取り決めをむすぶと、破棄しないかぎり、永遠に同じ方向へ進みつづける

けれども戦後のアメリカの外交官たちは、マッカーサーのように天皇を思いのままにつかうことなど、もちろんできません。だからアメリカの国務省も、日本の民意については、つねに細心の注意をはらってウォッチしていなければならない。

最初は駐日大使として、最後は国務次官として沖縄返還交渉を担当したアレクシス・ジョンソンがのべているように、「条約上の権利」と「その権利を現実の世界で行使すること」のあいだには、非常に大きなへだたりがある。かれの言葉を借りれば、両者は、

アレクシス・ジョンソン（1908-1997）。駐日大使のほか、駐チェコスロヴァキア大使、政治担当国務次官などを歴任

「たとえわれわれ〔＝アメリカ〕が条約上、どんな『自由』をもっていても、相手国の国民がそれに敵意をもっていれば、実際に〔その条約上の権利を〕行使することはできな

い」
「たとえどんなに『素晴らしい取り決め』が協定のなかにふくまれていたとしても、日本であろうと沖縄であろうと、現地の住民がわれわれに敵意をむけるならば、自由に行動できると考えるのは幻想にすぎない」（『ジョンソン米大使の日本回想』草思社）
という関係にあるのです。

「条約は一片の紙切れにすぎない」のか？

とはいえ、逆に、

「じゃあ、紙に書いた取り決めは重要じゃないのか。日本の御用学者がよくいうように、『条約は一片の紙切れにすぎない』のか」

といわれれば、もちろんそんなことはありません。取り決めをむすんだときの力関係が変わらなければ、その方向性、ベクトルが消えてしまうことはない。少しずつ少しずつその取り決めに書かれた方向へ進んでいき、いつかは実現してしまう。

つまり、政府による条約や密約がむすばれたからといって、デモや集会や裁判がもう意味がなくなってしまったかというと、けっしてそんなことはない。依然として非常に重要です。けれども、それだけでは合意された取り決めを無効にはできないということです。

だから沖縄の人たちがやっているように、反対運動や集会や裁判で推進派のスピードを遅らせると同時に、市長選や知事選や衆議院選で勝利したり、国連で国際社会にうったえたりと、あらゆる手を使って、政治上の力関係を変化させていかなければならないということです。99ページの①と②の関係を整理するとそういうことになります。

密約の方程式

そして、そうした「一度むすばれたあと、少しずつ少しずつ長い年月をかけて同じ方向へ進んできた取り決め」の典型が、これからお話しする指揮権密約なのです。

私自身、今回はじめてこの「指揮権密約」の歴史をたどったことで、日米安保に関してこれまで見えていなかった本質がはじめて見えるようになりました。そのことについて、これからお話ししたいと思います。

でもその前に、少しここで密約を分析するうえでのテクニックについて、説明させてください。というのは何度も申しあげるとおり、この「指揮権密約」は「基地権密約」とちがって、まだ研究がまったく進んでおらず、読みとく側にもかなりの努力を必要とするからです。

まず、「そもそも密約とはなにか」という問題から考えてみましょう。

それは「都合の悪い現実」を隠すためにむすばれる秘密の取り決めのことです。

そして戦後の日米関係において「都合の悪い現実」というものは、その多くが法的な取り決めのかたちをとっています。

その関係を式であらわすと、

都合の悪い取り決め　＝　見せかけの取り決め　＋　密約
（過去の条文）　　　　　（新しい条文）

ということになります。

ここでよく注意しておかなければならないのは、重要なのは「密約」のほうではなく（多くの場合、それはたんなる「法的トリック」にすぎません）、あくまでその密約が隠蔽《いんぺい》している「都合の悪い現実」や「都合の悪い取り決め」という「実態」のほうだということです。そのことを、つねに意識しておく必要があるのです。

「行政協定」と「地位協定」の方程式

わかりやすいのは、すでにみた行政協定と地位協定の関係です。
１９６０年の安保改定における両者の関係は、ご説明したとおり、

　行政協定　＝　地位協定　＋　密約

というものでした。

同じく安保改定で、多くの無益な密約を生みだした「事前協議制度」（↓１０７ページ「コラム１」）については、

　基地の自由使用　＝　事前協議制度　＋　密約群
（旧安保条約第１条）　（「岸・ハーター交換公文」）　（「討議の記録」や「基地権密約」）

と表現することができます。

条文レベルで式にすると、たとえば87ページの「米軍の基地と使用区域の外における自由な移動（＝基地への絶対的アクセス権）」についても、

「米軍が絶対的な権利をもつ」
（行政協定3条1項・後半）

＝

「日本政府が国内法の範囲内で対応する」
（地位協定3条1項・後半）

＋

「問題があれば日本の法律を改正する」
（「基地権密約②」）

ということになります。

こうした構造のなかで、現実に起きていること（たとえば「米兵は犯罪をおかしても逮捕されない」）と、取り決めの条文（「米兵は日本の国内法を尊重しなければならない」）があきらかにちがっているときは、そのあいだの「落差」が、そのまま密約になっている可能性がある。

ですからそうした場合は、ひとつ前（たとえば改正前や草案の段階）の条文にもどっ

て、その条文と現在の条文のあいだに、なにかトリックが隠されていないか、疑ってみる必要があるのです。

コラム１　事前協議制度

国家間の合意のひとつのかたちとして、正式な条約や協定のなかには入れられなかった重要な取り決めを、議事録や往復書簡（交換公文）のかたちにして、そこにサインをするという方法があります。

岸政権による１９６０年の安保改定で、日米関係に平等性をもたらす最大の目玉として大きく宣伝された「事前協議制度」の場合、「討議の記録《レコード・オブ・ディスカッション》」とよばれる次ページの文書の第１項だけが切り離されて、往復書簡のかたちをとった新安保条約の付属文書（「岸・ハーター交換公文」）となりました。

これは米軍が日本国内で装備の重要な変更（核兵器の配備など）をするときや、日本を防衛する以外の目的で国外への出撃をおこなうときは、日本政府と事前に協議するという取り決めです。

しかしその一方で、つづく第２項ものこしたままの議事録が密約文書となり、藤山外務大臣とマッカーサー駐日大使によって１９６０年１月６日にサインされました。

その結果、安保改定の最大の目玉だった「事前協議制度」は、核をつんだ米軍艦船の日本への寄港などを以前と変わらず認めることになり、完全に有名無実なものとなってしまいました。そのなによりの証拠が、約60年たった現在まで、そうした事前協議が結局一度もおこなわれなかったという事実です。（くわしくは『知ってはいけない２』（講談社現代新書）を参照）

討議の記録（１９５９年６月、東京）

第１項（要約）

米軍の日本国への配置における重要な変更や装備における重要な変更、ならびに日本国からおこなわれる戦闘作戦行動（日本防衛のためのものをのぞく）のための米軍基地の使用は、日本国政府との事前協議の対象とする。

第２項（要約）

（a）**「装備における重要な変更」とは、中・長距離ミサイルなど核兵器の日本へのもちこみ（イントロダクション）や、それらの兵器のための基地の建設を意味する。**（略）
（c）**「事前協議」**は、重要な配置の変更をのぞき、米軍の日本への配置、ならびに装備における変更、または**米軍機の日本への飛来、米海軍艦船の日本国領海ならびに港湾への進入についての現在の手続きには、影響をあたえない。**

アメリカ側が出してきた旧安保条約の原案

なぜこんな話をしているかというと、指揮権密約を考えるうえでもっとも重要な、つぎの条文について、これからじっくりと考えてみたいからです。

「日本区域《ジャパン・エリア》において戦争または差しせまった**戦争《ホスティリティー》の脅威が生じたとアメリカ政府が判断したときは、**警察予備隊ならびに他の**すべての日本の軍隊は、**日本政府との協議のあと、**アメリカ政府によって任命された最高司令官の統一指揮権《ユーファイド・コマンド》**[*3]**のもとにおか**

れる」(「日米安全保障協力協定案」第8章2項)

　これは「はじめに」で紹介した、吉田が口頭でむすんだ統一指揮権密約のもとになった条文です(「統一指揮権のもとにおかれる」というのは、「指揮下に入る」という意味です)。


「戦争になったら、自衛隊は米軍の指揮下に入って戦う」

という内容は指揮権密約と同じですが、この条文では、

「戦争になったと判断するのがアメリカ政府である」

ことも、はっきりと書かれています。これがアメリカ側のもともとの本音だったのです。


　ここで2015年の安保法案の審議を思い出してください。あの国会のやりとりのなかで、もっとも奇妙だったのは、

「どのような事態のとき、日本は海外で武力行使ができるのですか」

「現時点で想定される存立危機事態[*4]とは、具体的にどのような事態ですか」

と、野党議員から何度聞かれても、安倍首相や中谷《なかたに》防衛大臣が最後までなにも答えられなかったことでした。しかし、この条文を読めば、その理由は一目瞭然です。**そ**

れは彼らが判断すべきことではなく、アメリカ政府が判断すべきことだからなのです。

この問題の条文が、いったいどのようにして生まれたのか。またその後、どう変化していったのか。さきほどの「密約の方程式」を頭のなかにおきながら、歴史的な経緯をこれからたどってみることにしましょう。

＊3　「統一《とういつ》指揮《しき》権《けん》」は、現在では「統一司令部」とよばれることが多くなっています（→306ページ）

＊4　2014年7月1日の安倍内閣の閣議決定で、日本が武力行使をするうえでの前提（＝「新3要件」のひとつ）になるとされた事態。その定義は次のとおりです。「**わが国と密接な関係にある他国（＝アメリカ）**に対する武力攻撃が発生し、これによりわが国の存立が脅かされ、国民の生命、自由および幸福追求の権利が根底からくつがえされる明白な危険がある」事態

旧安保条約の交渉で、大問題となった「再軍備」と「指揮権」

もともとこの条文は、旧安保条約の「原案」として、1951年2月2日にアメリカ側が提案してきたものでした。そのとき吉田首相と外務省のスタッフは、来日したジョン・フォスター・ダレス国務省顧問（のちに国務長官）ひきいるアメリカ側の使節団と、日本の独立にむけた日米交渉の真っ最中だったのです（第1次交渉：1951年1月26日～2月9日）。

この条文を読んで、日本側は大きなショックを受けます。

というのも、そこに書かれていた「（戦時には）アメリカ政府の判断にもとづき、米軍の指揮下に入る」という箇所も、もちろん大問題でしたが、なによりその主語が「警察予備隊ならびに**他のすべての日本の軍隊**」となっており、日本がふたたび軍隊をもつこと（＝再軍備）が、すでに条文のなかで予言されていたからでした。

この時点で日本国憲法ができてから、まだ3年9ヵ月しかたっていません。憲法9条をもつ日本が、やがて自衛隊をつくって本格的に再軍備するなどとは、国民はだれも思っていない時期です。だから前年の1950年7月、朝鮮戦争の勃発直後にマッカーサーが吉田に対して、うむをいわせず警察予備隊をつくらせたときも、「あくまで警察力の延長」という位置づけがなされていたのです。

そのため、おどろいた吉田首相と外務省の担当者たちは、

「こんな取り決めを国民に見せることは絶対にできない。どうしても削除してほしい」

とアメリカ側に頼みこみ、その後もねばりにねばって、結局、旧安保条約や行政協定の条文からは、それらを削除することに成功します。

しかしその一方で、独立から3ヵ月後の1952年7月23日に、吉田首相が口頭で「戦争になったら、日本軍は米軍の指揮下に入る」という密約をむすびました。そのことについては、すでに「はじめに」で、お話ししたとおりです。

ジョン・フォスター・ダレス（1888-1959）。国務省顧問を経て、アイゼンハワー大統領の下で第52代国務長官をつとめた。「戦後世界」の設計者のひとり

「その問題は、すでに決着ずみである」

つまりこの再軍備と指揮権の問題が、日本の独立をめぐる日米交渉のなかで最大の対立点となったわけです。

もっとも交渉といっても、まだその時点で日本は占領されているわけですから、対等な立場でやり合うことなど、ほとんど不可能な状況にありました。

この「アメリカ側原案」が提案される1週間前（1951年1月25日）に、アメリカの交渉団が来日した瞬間から、すでにその兆候はあらわれていました。交渉責任者であるダレスが到着時の羽田空港でのスピーチで、日本を「交渉《ネゴーシエート》の相手」ではなく、「相談《コンサルト》する相手」と表現したことに、日本の外務官僚たちはきびしい現実を思い知らされたのです（『平和条約の締結に関する調書Ⅳ』外務省編纂《へんさん》）。

そして実際、交渉が始まってすぐに、日本側が沖縄や小笠原《おがさわら》の問題について独自の提案をしようとしたところ、

「領土問題は、すでに降伏条項（＝ポツダム宣言）で決着ずみと考えてほしい」

と、ひとことで拒否されてしまう（1月31日の「第2回　吉田・ダレス会談」）。そういうきびしい状況にあったのです。

旧安保条約の交渉を担当した外務官僚には、健全な常識が存在した

実はこのあと翌1952年2月までつづく、平和条約と旧安保条約、そして行政協

定をめぐる約1年間の日米交渉のなかで、日本側は連戦連敗を重ねていくことになります。国際法の権威であるダレスがつぎつぎとくり出す高等戦術に、まったく対応することができず、結局アメリカ側の思いどおりの条約をむすばされてしまうのです。

（左）西村熊雄（1899-1980）。1947年に条約局長となり、サンフランシスコ平和条約、旧安保条約の締結交渉を担当した（写真提供：共同通信社）。（右）西村が、旧安保条約の全交渉過程を、全８分冊・約3500ページにまとめた膨大な資料集『平和条約の締結に関する調書』（本としては全５巻）

しかし、そのなかで唯一の救いになっているのは、当時の外務省条約局の担当者たちが、交渉過程をできるかぎりくわしく記録して、その評価を将来の国民の判断にゆだねようという健全な姿勢をもっていたというところです。

その代表が、条約局長として交渉の最前線にたった西村熊雄《にしむらくまお》[*5]でした。かれは個人的にも何冊も本を書いていますが、なにより評価されるべきは、その全交渉過程を20年以上の時をかけて、全８分冊・約３５００ページもの基礎資料集、『平和条約の締結に関する調書』（１９５９〜１９８０年、以下『調書』）にまとめあげたことでしょう。

この『調書』が一般に公開されたのは２００１年と、かなり遅れましたが、その翌年には本として出版され、現在では外務省のホームページでだれでも読むことができます。[*6] みなさんもぜひ一度、目をとおしてみてください。

そこから浮かびあがってくるのは、無惨な敗戦からまだ間もない日本で、占領の終結と独立の回復を願い、交渉の事前準備を重ね、しかし何度もだまされたあげく、敗れさっていく日本の外交官たちの姿です。けれども同時にかれらの姿は、そうした真実の過程をくわしく記録し、あとの時代につたえていくことが、いかに重要であるかを証明する生きた見本となっているのです。

というのは、この膨大なページ数の記録をひとつひとつたどることで、私たち日本人は自分たちがなぜいま、対米関係でこれほどまでに理不尽な状況におかれているのか、そしてこれからいったいどうすれば、そこから脱却することができるのかという問題について、たしかな歴史的立脚点をもつことができるからです。

とくに現役の外務官僚のみなさんには、ぜひこの３５００ページを超す大先輩のまとめた『調書』を通読して、本書「はじめに」でふれたような日本外交の末期的な状況を、なんとか「敗戦直後には存在した正常な状態」にまで近づける努力をしていただきたいと思います。

＊5　『日本外交史〈27〉サンフランシスコ平和条約』（鹿島研究所出版会）、『サンフランシスコ平和条約・日米安保条約』（中央公論新社）など。

＊6　外務省のホームページから「平和条約の締結に関する調書」で検索してください。ただし内容の閲覧には、特定のアプリのダウンロードが必要です。（https://www.mofa.go.jp/mofaj/annai/honsho/shiryo/archives/sk-1.html）

「一読《いちどく》不快《ふかい》」なアメリカ側原案と、日本側の対応

さきほどふれた統一指揮権についての条項（↓109ページ）は、1951年2月2日にアメリカ側から手わたされた、トータルな旧安保条約の原案（「日米安全保障協力協定案」）の第8章2項として、日本側に示されたものでした。

西村はこのアメリカ側原案を最初に読んだときの感想を、『調書』のなかで、「駐屯軍の特権的権能があらわに表示されているため、**一読不快の念を禁じえないも**

第１次交渉（1951年１月26日～２月９日）の経緯

主な交渉出席者　日本側：吉田（首相）・井口（外務次官）・西村（条約局長）

アメリカ側：ダレス（特別大使／国務省顧問）・アリソン（公使／国務省対日平和条約担当）・ジョンソン（陸軍次官補）・マグルーダー（陸軍省特別補佐官／陸軍少将）・バブコック（国防省対日平和条約担当／陸軍大佐）

１月25日	アメリカ側使節団が来日
26日	アメリカ側が、平和条約締結の基本方針と交渉の議題（13項目）を提示　**交渉開始**
27日～	日本側が「対処案」を作成
29日	第１回 吉田・ダレス会談（「日本が自尊心を傷つけられずに承諾できるような条約をつくってもらいたい」吉田）
30日	日本側が基本方針（「わが方見解」）を提示
31日	第２回 吉田・ダレス会談（「領土問題はすでにポツダム宣言で決着ずみである」ダレス）
２月１日	事務当局レベルでの交渉がスタート
２日	アメリカ側が、旧安保条約の原案（「日米安全保障協力協定案」）を提示。実質的に占領を継続する方針であることがあきらかになる（「一読して不快の念を禁じえなかった」西村条約局長）
３日	日本側が２月２日案に対する「修正意見」を文書で提示。同時に「再軍備」の了承、「日米合同委員会を利用した秘密協議方式」の提案もおこなう
５日	ダレスが「きわめて寛大な平和条約」のメモを示し、「きわめてきびしい安保条約」（２月２日～３日の交渉内容）を確定させる
６日	アメリカ側が「平和条約」「旧安保条約」「行政協定」の３本立ての条約案を提示
７日	第３回 吉田・ダレス会談　事務当局レベルでの交渉内容を了承
９日	「平和条約（覚え書き）」「旧安保条約（案）」「行政協定（案）」に日米の当局がサイン **交渉終了**（このとき、のちの「吉田・アチソン交換公文」（→p.288「コラム６」）の原案もサインされる）
11日	アメリカ側使節団 離日

のであった」

という有名な言葉で表現しています。後世にのこすための公文書で、これほど激しい表現をすることは珍しく、おそらくよっぽど腹がたったのでしょう。

その理由は、1番目がこの第8章の「再軍備」と「指揮権」の問題、2番目が「基地権」の問題でした。基地の権利についてもこの「原案」を読めば、アメリカが占領時の状態をそのまま継続するつもりでいることがあきらかだったからです。

ショックをうけた西村たちは、その日の夜遅くまでかかって修正意見をまとめ、翌3日の午前、神奈川県大磯の吉田首相邸をたずねて対応を協議します。そのうえで同日夕方、アメリカ側に文書で、つぎの4点についての修正を求めたのです。

①【再軍備と指揮権の問題】日本の再軍備と統一司令部《ユニファイド・コマンド》（＝統一指揮権）について書かれた第8章は、まるごと削除してほしい。

②【基地権の問題】（a）占領の継続という印象をあたえないため、在日米軍のもつ特権については条文に具体的に書かないでほしい。（b）占領が終わったあと米軍が使用する基地は、現在の基地をそのままつかいつづけるのではなく、必要なものにかぎり両国の合意によって決めるというかたちにしてほしい。

③【基本原則の問題】この協定（旧安保条約）が「両国の合意にもとづく」ものだという原則をまもるため、米軍の日本への駐留については、「日本が要請《リクエスト》し、アメリカが同意《アグリー》する」という表現ではなく、「両国が同意《アグリー》した」と変えてほしい。

④【平和条約の問題】米軍が平和条約の発効後も日本に駐留することについては、平和条約の条文には書かないでほしい。

「指揮権条項」の削除をもとめた日本

ここは日本の独立にむけての全交渉過程のなかで、もっとも重要な場面なので、少しくわしくみてみましょう。

まず③ですが、これは西村がふり返っているように、条約全体のなかでも、アメリカ側がもっとも重視するポイントだったため、変更はあっさり拒否されました。

つぎに④については、平和条約のほうには「〔独立後も〕米軍が駐留する」とは書かず、一般的な表現に変更することで合意しました（最終的に「平和条約の発効後、すべての占領軍は90日以内に日本から撤退するが、その規定は二国間協定にもとづく外国軍の駐留をさまたげるものではない」という表現になりました）。

実はこの時点で西村たちは知らなかったのですが、

「外国軍の駐留については、平和条約そのもののほうに書いておく」

というのは、吉田自身が前年の1950年5月に池田大蔵大臣を派遣して、アメリカ側に伝えた方針でもあったのです。日本の学者たちに検討させたところ、そうしておけば、**「米軍の駐留継続は憲法違反だ」という批判に対して、「平和条約の効力は憲法に優先する」という論理で押し切れるという判断になったからでした。**

こうした状況のなかで、日米交渉の最大のポイントとなったのが、「再軍備」と「指揮権」についてさだめた①（第8章）の問題だったというわけです。その背景には前年6月末に起こった朝鮮戦争の影響で、日本がアメリカから「再軍備をして、朝鮮戦争を援助しろ」と、ずっと圧力をかけられていたという状況がありました。

しかし、わずか3年9ヵ月前に憲法9条をもったばかりの日本で、さすがにすぐ再軍備というわけにはいきません。そこでこの条文だけはどうしても削除してほしいと頼む一方で、吉田たちは代わりに**非常に重大な提案をふたつ、アメリカ側に文書でつたえる**ことにしたのです。

ひとつは、第8章の削除を求めた文書のなかで、

「このような条文は削除したい。**しかし、それは日本が軍備をもち、交戦者（＝戦争**

をする国〕となることを拒否するという意味ではない」と、それまでの公式見解を百八十度転換し、**同時に「再軍備の発足について」という別の文書をとどけて、自衛隊の前身である保安隊（5万人）の発足を約束した。つまり正式に「軍隊」を発足させることを、アメリカ側に約束したのです。**

「再軍備の発足について」

その「再軍備の発足について」（１９５１年２月３日）という文書の内容は、つぎのとおりでした（以下は英文からの矢部訳）。

> 平和条約および日米安全保障協力協定〔＝旧安保条約〕の効力発生と同時に、日本は再軍備プログラムを発足させる必要がある。以下が日本政府の考えるそのプログラムの要点である。
>
> （a）海上と陸上をふくめてあらたに5万人の保安隊をもうける。この5万人は、警察予備隊や海上保安隊とは別のカテゴリーとして、特別な訓練をうけるとともに、装備においても両者より強力なものとして、計画中の国家治安省に所属させ

る。**この5万人をもって、日本に再建される民主的軍隊の発足とする。**

（b）（略）（125ページの注を参照）

こうして警察予備隊のときとはちがって、日本政府自身の決定による正式な軍隊の発足が、「事実上の密約」として約束されてしまうことになりました。日本人にとってはつらい話ですが、**客観的にはこの1951年2月3日の「再軍備密約」によって、日本政府による憲法9条2項（＝戦力不保持）の解釈改憲はすでにおこなわれていたことになります。**

そして「はじめに」でふれたとおり、それから64年という気の遠くなるような時間をかけて、この問題はまっすぐ現在の安倍政権による安保法制の問題にまでつながり、2015年9月、ついに最後の防衛ラインだった「海外派兵」が突破され、1項もふくめた9条全体が解釈改憲されてしまったというわけです。

「アメリカとの軍事上の取り決めは、憲法を超える」

私たちが2015年の国会でみた現実は、すでにその64年前から、ずっとつづいているものだったのです。

日米合同委員会の誕生

長くなりましたが、もう少しつづけます。というのは、このアメリカ側・安保条約原案の第8章を削除してもらう代わりに日本側がおこなったふたつめの提案も、非常に重要なものだったからです。

それはその日（2月3日）の午前、大磯の自邸で吉田首相が強調した、

「こうした問題には共同委員会（＝のちの日米合同委員会）を大いに活用すべきである」

という基本方針でした。その意味は西村によれば、日米の代表者からなる特別の委員会をつくって、

「**とくに再軍備の計画や、緊急事態または戦争への対応について徹底的に研究し、計画をたてさせる**とともに、駐留軍の基地や経費、法的地位についても研究させることにする」

というものでした。

これが序章でしつこくその違法性を指摘した、日米合同委員会の歴史的な起源なの

です。

　ここで注目すべきなのは、現在ではおもに「基地権の問題」をあつかっている日米合同委員会ですが、誕生時はむしろ「指揮権の問題」、つまり戦時の統一指揮権や再軍備や日米の防衛協力（＝軍事的一体化）について密室で協議する[*7]ためにつくられたものだったということです。

　それにくわえて、西村の説明にあるように、「駐留軍の基地や経費、法的地位」の問題など、日本側がアメリカ側原案を最初に読んで「不快」と感じた内容を、すべてこの日米合同委員会というブラック・ボックス（秘密会議）にたたきこみ、そこで処理しようというアイデアだったわけです。

＊7　さきの「再軍備の発足について」という文書の後半には、つぎの項目が書かれていました。
「（b）国家治安省内に『自衛企画本部』という名の機関を設置し、アメリカとイギリスの軍事問題にくわしい専門家を配属する。同本部は**日米安全保障協力協定（＝旧安保条約）のもとで設立される共同委員会（＝日米合同委員会）の活動に参加すると共に、将来の日本の民主的軍隊の参謀本部の中核となる。日本政府は〔この問題につき〕アメリカの軍事専門家〔軍人〕のアドバイスを求める予定である**」

密約の4重構造

平和条約
（日本国民に見せられない内容）
↓
旧安保条約
（日本国民に見せられない内容）
↓
行政協定
（日本国民に見せられない内容）
↓
日米合同委員会での秘密協議

行政協定と「密約の4重構造」

　この「日米合同委員会を大いに活用する」という吉田の方針をダレスが受けいれたことで、2月3日に日本側が提案した、「占領の継続という印象をあたえないため、在日米軍のもつ特権については条文に具体的に書かないでほしい」（↓119ページの提案②—a）という「見かけ《アピアランス》」の問題は、ほとんどすべてクリアされることになりました。日本人が怒りだしかねない在日米軍の「違法な」特権を、すべて日米合同委員会というブラック・ボックスで処理することが可能になったからです。

　ところが、そこがしたたかなダレスです。吉田の提案をうけて、さらに自分たちに有利になるよう、新しい方針を打ちだします（2月5〜6日）。そうした密室での協議が必要なさまざまな問題を、日本側が削除を求めてきた再軍備と統一指揮権の問題もふくめて可能なかぎり文書化し、国会の承認がいらない「秘密協定」[8]として旧安保条約から切り離してさだめることを決めたのです。

　ここがおもしろいところですね。この章の冒頭でお話しした核密約のケースでもそうなのですが、日本の首相たち（吉田や佐藤）のほうは、

「そういうことは全部密室で、必ずアメリカのいうとおり処理するから、それでいいじゃないか」

　といっているのに、ダレスやキッシンジャーは、ぎりぎりのところまで紙に書いて、あくまでそこに両者がサインすることを求めます。戦後の国際法そのものをつくったアメリカにとって、その法体系のなかで、できるだけこまかな取り決めをかわすことが、自分たちにとってどれだけ有利かよくわかっているからです。

　実はこのダレスの新しい方針によって誕生した「秘密協定」こそが、「行政協定」だったのです。つまり、それまではひとつだったアメリカ側の安保条約の原案（「日米安全保障協力協定案」）が、この時点でふたつに分割され、のちの「旧安保条約」と「行政協定」が生まれることになったというわけです。[9]

　これにより、戦後の日本とアメリカの軍事的な関係は、右ページの図のような「密

約の4重構造」によって形成されることになり、その結果、完全に日本国民の目から隠されてしまうことになったのです。

＊8　ダレスは再来日した1951年4月18日の吉田との会談で、「行政協定（の条文）は公表しない。それが存在する事実と、だいたいの趣旨を説明するにとどめたい」とのべていました。

＊9　最大の対立点だったアメリカ側原案の第8章2項（指揮権条項）は、旧安保条約からは削除され、「日本軍」という表現を「軍事的能力をもつ日本の組織」と変えて、「行政協定案」のなかにのこされることになりました。

きわめてきびしい安保条約と、きわめて寛大な平和条約

2月3日の日本側からのふたつの提案が、ダレスにとってどれほどうれしいものだったかは、その提案をうけておこなわれた2日後（2月5日）の会議の様子をみればわかります。その日、ひととおりの協議がおわったあと、ダレスは突然、自分が**平和条約の構想**を書いた覚え書きをとりだして、日本側ふたり、アメリカ側ふたりの実務

者どうし4人で、それを読んでみてほしいといって、席をはずしたのです。

そのときのことを、西村は吉田への報告書でつぎのように書いています。

「〔その平和条約の案を〕4人で読んでみたところ、日本にとってきわめて寛大で、敗戦国に対する平和条約のようなところがほとんどありません。読みながら心底うれしくなり、その感想をアリソン公使につたえたところ、アリソン公使もよろこんでいました。

そのあとダレス〔特派〕大使がまた顔をだして、日本の友人たちの反応はどうかねとアリソンに聞いたところ、アリソンは、かれらもいま、ほんとうにうれしいといっていたところですと答えました。

それを聞いて、ダレス大使は大きくうなずいて、『アメリカの真意はこの覚え書きのとおりです。しかし、フィリピンなどの周辺国にはなお、強硬な反対意見がありますす。今後も説得に努めるつもりですので、アメリカの真意をよく吉田総理にお伝えください』といわれました」〔西村の報告書の原文を「ですます調」に変更しています〕

ハリー・S・トルーマン（1884-1972）。アメリカ第33代大統領。第2次世界大戦の終了から冷戦の始まり、朝鮮戦争、対日平和条約交渉まで、「戦後日本」のあり方に深く関与した

「日本中のどこにでも、必要な期間、必要なだけの軍隊をおく権利」

少々わざとらしい演出ですが、このときダレスが満足した様子で大きくうなずいていたのは本心からだったでしょう。というのも、この時点でかれが勝ちとることが決定した日本における特権は、まさに常識外のものだったからです。

もともとダレスが日本の独立に向けての日米交渉を正式にスタートする許可をえたのは、サンフランシスコで平和条約と旧安保条約がむすばれるちょうど1年前の１９５０年9月8日のことでした。

この日、トルーマン大統領は、このプロジェクトをスタートさせる基本原則として、

「日本中のどこにでも、必要な期間、必要なだけの軍隊をおく権利を獲得する」

という方針を、正式に決定しています。

つまり本書でこれまでみてきたような、独立後も事実上の軍事占領がつづく日本の現状は、アメリカにとって、もともと日本との平和条約をむすぶうえでの大前提だっ

たというわけです。だからダレスにとっても、その条件を日本にのませなければ交渉そのものが不調に終わり、大きなマイナス・ポイントになってしまうところでした。

　しかし、もちろん独立後の主権国家に、そのような権利を認めさせることは非常にむずかしい。ポツダム宣言にも国連憲章の理念にも、完全に違反した行為だからです。ですからダレスも１９５１年１月26日、来日した翌日のアメリカ側スタッフ会議で、

「この条約の最大の目的は、われわれが望む数の兵力を、望む場所に、望む期間駐留させる権利を確保することである」

　と、自分にあたえられた使命を復唱しながら、つづけて、

「しかし日本政府がそのような権利をアメリカにあたえた場合、国家の主権を侵害する条約をむすんだと必ず攻撃されるだろう。この提案を受けいれさせるのは非常にむずかしい」

　と珍しく弱気な発言をしていたのです。

「任務完了《ミッション・アカンプリッシュ》です！　大統領《ミスター・プレジデント》」

けれども、それほどむずかしいと思われた条件を、ダレスは日本側の提案（2月3日）をもとにした「行政協定＋日米合同委員会」という新たな構想によって、ほぼすべてクリアすることに成功します。そして、おそらく当初からの計画だったのでしょう。日本側がその条件を受け入れることが確実になった直後（5日）に、すかさず「非常に寛大な平和条約」の草案を示して、その方針を確定させてしまったのです。

この時点で、ダレスと日本の外交官たちの戦いは、ダレスの完勝で終わることが決定してしまいました。西村は、のちにこの日のことをふりかえって、おおむねつぎのように書いています。

「このように、平和条約によって日本が独立を回復したあとも自国軍隊（＝米軍）が日本に駐在することが確実になったあと、はじめて先方は平和条約の構想をあきらかにした。その条約案はきわめて公正寛大で交渉当事者の感銘は大きかった」

ダレスが日米交渉をスタートさせるにあたって立てていた、

「寛大な平和条約によって、常識外の軍事特権を勝ちとるのだ」

という基本戦略に、日本の外交官たちがそのまま誘導されていったことがわかります。

翌2月6日、ダレスは日本側に「平和条約」「旧安保条約[*10]」「行政協定」の3本立ての原案を示し、9日に日米でサイン、11日に日本での日程を終えました（↓118ページ）。

そしてそれから7ヵ月後の1951年9月、ダレスはサンフランシスコに52ヵ国の代表を集め、対日平和条約（と旧安保条約）をみごとに成立させます。それはトルーマン大統領からこのプロジェクトのスタートを許可された日の、ちょうど1年後の同じ9月8日のことでした。まさに、

「任務完了《ミッション・アカンプリッシュ》！　大統領《ミスター・プレジデント》」

といったところだったのでしょう。

アレン・ウェルシュ・ダレス（1893-1969）。ジョン・フォスター・ダレスの実弟。1953年から1961年までCIA長官をつとめた

ダレスはこの大成功によって外交官としての評価を高め、1年4ヵ月後にはアイゼンハワー政権で、アメリカ外交のトップである国務長官に就任します。そして、ほぼ同時にCIA長官となった実の弟、アレン・ダレスと

の二人三脚で、１９５０年代を通して国際政治のオモテ（国務省担当）とウラ（ＣＩＡ担当）を思いどおりにあやつっていくことになります。

そして徹底した反共思想のもと、世界中で軍事同盟をむすび、冷戦構造を強化して、気に食わない外国政府を転覆させ、正当な選挙で選ばれた政治指導者を排除するといった違法行為にまで、手を染めていくことになるのです。

＊10　この時点では「集団的自衛のための日米協定」。

アメリカ側・行政協定案で、統一指揮権はどうなったのか

少し話がそれてしまいましたが、本章のテーマである指揮権の問題にもどります。指揮権の条文（１０９ページ）をめぐっては、旧安保条約から分離された行政協定の交渉のなかで、平和条約と旧安保条約が調印されたあとも、翌年（１９５２年）の2月末まで協議がつづきました。

くわしい経緯は省略しますが、意外にも日本側は、この行政協定の交渉でも、指揮

権条項の条文化をふせぐことに成功します。このときアメリカ側が譲歩したもっとも大きな理由は、行政協定が発効した2ヵ月後に本国の国務省へ送られた報告書にあるとおり、

「その条文を公表した場合、次期総選挙で**もっとも親米的な吉田政権が敗北する**ことは確実だった」からということだったようです。

その代わりに有名な「岡崎《おかざき》・ラスク交換公文」（↓左「コラム2」）を交わして、基地権については日本側が全面的に譲歩することになりました。本章の冒頭でのべた、基地権については全面的に妥協するが、指揮権については国民の声を背景にして抵抗するという基本パターンの、これが最初の例となったのです。

コラム2 「岡崎・ラスク交換公文」

コラム1（107ページ）でも説明しましたが、「交換公文」というのは国家間でかわす合意文書のひとつで、内容を往復書簡の形式で書き、そこに両国の代表がそれぞれサインして交換するという形式のものです。条約や協定のように広く発表

（左）岡崎勝男（1897-1965）。元外務大臣。第2次世界大戦後、吉田茂の右腕として対米協調外交で重要な役割を担った。
（右）ディーン・ラスク（1904-1994）。ケネディ政権とジョンソン政権で国務長官をつとめる

されないため、正式な条文としては書けない微妙な問題、コラム1でふれた「討議の記録」と同じく、半分密約に足がかかったような内容をあつかうケースも多くなっています。

この「岡崎・ラスク交換公文」は、1951年2月3日の日本側提案の、

「占領が終わったあと米軍が使用する基地は、現在の基地をそのままつかいつづけるのではなく、必要なものにかぎり両国の合意によって決めるというかたちにしてほしい」

（119ページ：②—b）という件について、最終的にかわされたものでした。

もともとアメリカ側から最初に示された旧安保条約の原案（「2月2日案」）には、

「安全保障軍（＝米軍）は、占領終了時に占領軍の管理下にあった施設（＝基地）に駐留する」

とあったため、

「それではたんなる占領の継続ではないか」

と、日本側は強く抗議していたのです。

そしてそれから1年後の、この行政協定の最終交渉でも、

「現在米軍が占領している基地は、平和条約発効と同時に日本側に一度返還し、その後の基地の使用は日米双方の合意にもとづいておこなう」

という本来あるべきプロセスを、かたちだけでもとってほしいと頼みつづけていたのですが、結局はこの「岡崎・ラスク交換公文」で、その主張を放棄することになりました。

この交換公文は１２６ページでみた「密約の４重構造」の、さらに闇の部分として処理されたものです。だからそれほど広く知られるはずはない取り決めだったのですが、実態を知った宮澤《みやざわ》喜一《きいち》氏（サンフランシスコ平和会議の全権随員で、のちの首相）が本に書いたため、一般にも知られるようになりました。（『東京―ワシントンの密談』実業之日本社　１９５０年）

この本のなかで、宮澤氏はおおむねつぎのように語っています。

サンフランシスコ平和条約（第6条）では、

「すべての占領軍はこの条約の発効後、（略）いかな

第78代内閣総理大臣
宮澤喜一（1919-2007）

る場合にも90日以内に日本国から撤退しなければならない」と定められていたのだが、「岡崎・ラスク交換公文」によってそれが骨抜きにされてしまったのだと。

「私がそのころ、折衝中の行政協定の草案をみたところが、『アメリカは駐留を希望する地点（＝基地）について、平和条約の発効後90日以内に日本側と協議し、日本側の同意を得なければならない。ただし90日以内に協議がととのわなければ、ととのうまで暫定的にその地点にいてよろしい』という趣旨の規定があったのを記憶している。

　この規定の但し書きは、まったくまちがっているのであって、90日以内に相談せよ、ただしまとまらなければ、まとまるまでいてよろしいというのでは、90日と日を限った意味はまったくない。90日と日を限った意味がなければ、講和が発効して独立する意味がないということにひとしい。

　非常に驚いて、この規定を削ってもらうように外務省に申し入れたことがある。ところがその後、ふたたびおどろいたのは、この規定は行政協定そのものからは姿を消したが、『岡崎・ラスク交換公文』のなかには、そのままこの規定が確認されていて、しかもそれを知ったときは、すでに行政協定は両国のあいだで調印をおわっていた」

これはたしかにまったくの正論なのですが、この記述を読むかぎり、やはり宮澤ほどの正真正銘のトップ・エリートでさえ、「密約をめぐる裏側の交渉や、その4重構造」について、ほとんどなにも知らされていなかったということがわかります。

消えた統一指揮権

こうして問題の旧安保条約のアメリカ側原案「第8章2項」（109ページ）は、統一指揮権についての記述をカットしたかたちで、行政協定第24条に受けつがれることになりました。

次ページのように、そこには日米が、

「必要な共同措置を執る」

「目的遂行のため、ただちに協議する」

と書かれているだけで、指揮権についての記述は完全に姿を消していたのです。

行政協定　第24条

日本区域において敵対行為〔＝戦争〕または敵対行為の急迫した脅威が生じた場合には、日本国政府および合衆国政府は、**日本区域の防衛のため必要な共同措置を執り**、かつ、**安全保障条約第1条の目的を遂行するため、ただちに協議しなければならない。**

しかし、もちろんアメリカ側が本気でこれでいいと思っていたわけではありません。

行政協定の交渉責任者であるラスク前国務次官補〔特別大使〕は、右の条文を受け入れるにあたって、2月19日、ワシントンの国務省につぎのような公電を送っています。

「個人的な判断ですが、〔指揮権については〕このように簡潔で一般的な文章で書いておき、**詳細は後日協議する**ほうが、日本国内の論争もおさえられ、憲法問題も引きおこすことがないでしょう。われわれの利益も、もっともよくえられるはずです」

ラスクはその後、長く国務長官〔１９６１〜69年〕をつとめることになる、きわめて優秀な人物でした。かれはこのとき、日本における戦時の指揮権や再軍備、共同軍事行動の問題は、条文に具体的に書きこむと日本国民の反発を受け、かえって将来、米軍の行動を拘束する可能性がある。それよりも、きちんとした権限をもつ日米の責任者どうしが、実際に顔をあわせて協議する体制をつくったほうが、アメリカの国益にかなうと考えていたのです。

つまり、日米合同委員会の当初の機能から「指揮権」の問題を切り離して、よりランクの高い担当者どうしが直接それを協議するようなシステムをつくったほうがいいということです。

この構想はPART3でふれるように、1960年の安保改定時に日米安保協議委員会**（現在の「外務・防衛担当閣僚会議《ツー・プラス・ツー》」）**として実現することになります。

ですからこの段階で統一指揮権についての条文が姿を消したのは、アメリカ側の譲歩ではなく、逆に考え抜かれた一手だったというわけです。

マーク・ウェイン・クラーク米国陸軍大将（1896-1984）。朝鮮戦争のあいだ、国連軍司令官（1952-53）に任命された

けれどもその一方で、吉田が前年2月3日に約束した「保安隊」が日本に誕生する日が、目前にせまっていました。そのためアメリカの国務省と軍部には、絶対にやっておかなければならないことがあったのです。

口頭でむすばれた「統一指揮権密約」

　こうした経緯のなかで、日本の独立から3ヵ月後（＝保安隊が発足する3ヵ月前）の1952年7月23日に、吉田首相が口頭で1回めの「統一指揮権密約」をむすぶことになりました。左ページがそれを証明するアメリカ政府の公文書です。

　吉田と極秘の会談をしてから3日後の7月26日、アメリカの極東軍司令官だったマーク・クラーク大将が本国の統合参謀本部にあてて、この機密報告書を送っています。そのなかでクラークは、3日前に吉田首相と岡崎勝男《かつお》外務大臣、駐日アメリカ大使のロバート・マーフィーを自宅にまねき、指揮権についての密約を口頭でかわしたことを報告しているのです。

「私は7月23日の夕方、吉田氏、岡崎氏、マーフィー大使と自宅で夕食をともにしたあと、会談をした。私は、わが国の政府が有事（＝戦争や武力衝突）の際の軍隊の投入にあたり、**指揮権《コマンド》**の関係について、日本政府とのあいだに明確な了解が不可欠であると考えている理由を、かなりくわしく説明した。

吉田氏はすぐに、有事の際に単一の司令官《シングル・コマンダー》は不可欠であり、現状のもとではその司

統一指揮権密約文書

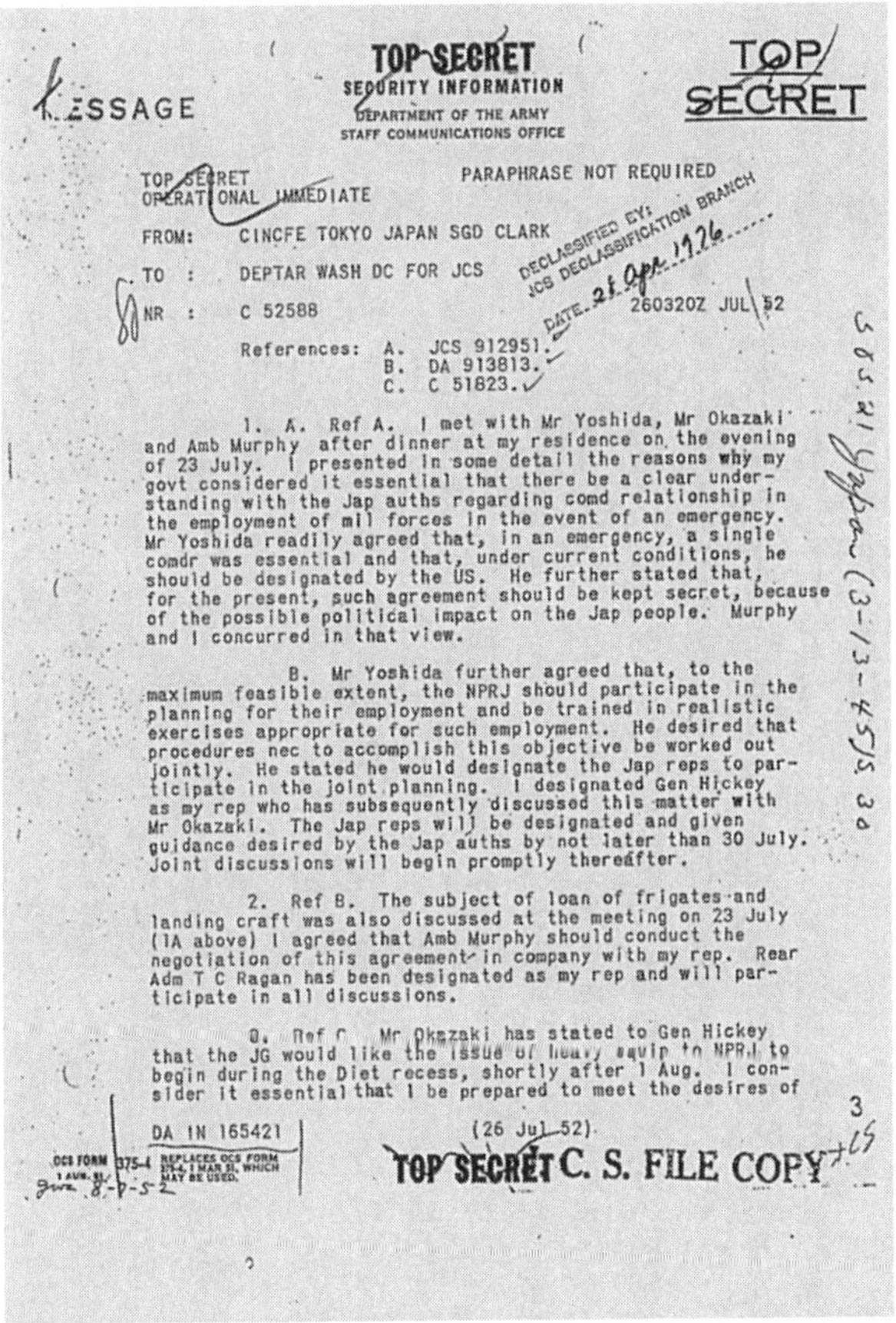

MESSAGE

TOP SECRET
SECURITY INFORMATION
DEPARTMENT OF THE ARMY
STAFF COMMUNICATIONS OFFICE

TOP SECRET

TOP SECRET
OPERATIONAL IMMEDIATE

PARAPHRASE NOT REQUIRED

DECLASSIFIED BY: JCS DECLASSIFICATION BRANCH
DATE 21 Apr 1976

FROM: CINCFE TOKYO JAPAN SGD CLARK

TO : DEPTAR WASH DC FOR JCS

NR : C 52588

260320Z JUL 52

References: A. JCS 912951.
B. DA 913813.
C. C 51823.

1. A. Ref A. I met with Mr Yoshida, Mr Okazaki and Amb Murphy after dinner at my residence on the evening of 23 July. I presented in some detail the reasons why my govt considered it essential that there be a clear understanding with the Jap auths regarding comd relationship in the employment of mil forces in the event of an emergency. Mr Yoshida readily agreed that, in an emergency, a single comdr was essential and that, under current conditions, he should be designated by the US. He further stated that, for the present, such agreement should be kept secret, because of the possible political impact on the Jap people. Murphy and I concurred in that view.

B. Mr Yoshida further agreed that, to the maximum feasible extent, the NPRJ should participate in the planning for their employment and be trained in realistic exercises appropriate for such employment. He desired that procedures nec to accomplish this objective be worked out jointly. He stated he would designate the Jap reps to participate in the joint planning. I designated Gen Hickey as my rep who has subsequently discussed this matter with Mr Okazaki. The Jap reps will be designated and given guidance desired by the Jap auths by not later than 30 July. Joint discussions will begin promptly thereafter.

2. Ref B. The subject of loan of frigates and landing craft was also discussed at the meeting on 23 July (1A above) I agreed that Amb Murphy should conduct the negotiation of this agreement in company with my rep. Rear Adm T C Ragan has been designated as my rep and will participate in all discussions.

3. Ref C. Mr Okazaki has stated to Gen Hickey that the JG would like the issue of heavy equip to NPRJ to begin during the Diet recess, shortly after 1 Aug. I consider it essential that I be prepared to meet the desires of

3

DA IN 165421

(26 Jul 52)

OCS FORM 375-4 1 AUG. 51 REPLACES OCS FORM 375-4, 1 MAR 51, WHICH MAY BE USED.

TOP SECRET C. S. FILE COPY

戦時には日本の軍隊が米軍司令官の指揮下に入ることを、吉田首相が口頭で了承したことを証明する機密文書。現獨協大学名誉教授の古関彰一さんが1981年にアメリカ国立公文書館で発見したもの。貴重な資料を提供していただいた古関さんに、心から感謝を申し上げます

令官は合衆国によって任命されるべきであるということに同意した。同氏はつづけて、**この合意は、日本国民にあたえる政治的衝撃を考えると、とうぶんのあいだ、秘密にされるべきであるとの**考えを示し、マーフィーと私はその意見に同意した」

まず、米軍の司令官が日本の首相や外務大臣を自宅によんで、これほど重大な話をしていることにおどろかされます。

しかしクラークの経歴をみると、マッカーサーの後任だったリッジウェイ連合国軍最高司令官のあとをついで、3代目の国連軍（朝鮮国連軍）司令官であり、アメリカ極東軍司令官とのことですから、まだ「ミニ・マッカーサー」のような権威があったということなのかもしれません。このあとのべるように日本の指揮権密約の問題は、ずっと朝鮮戦争および国連軍の問題とリンクしながら展開していくことになります。

この文書は、77ページの基地権密約文書とはちがい、国と国の代表が正式にサインをしてとりかわしたものではなく、軍の最高司令官のものとはいえ、ただの機密公電にすぎません。ですから、正式な密約文書ということはできません。

しかしこの文書がその存在を証明した「指揮権密約」の重要性は、「基地権密約」よりも、はるかに大きいといってよいでしょう。なぜなら「指揮権密約」は「基地権密約」とちがって、その実態がほとんど目にみえない。

けれども国家主権の侵害という点では、その弊害は比較にならないほど深刻なものがあるからです。外国軍による基地の使用というだけなら、まだ弁解の余地がありますが、もしも軍の指揮権を他国がもっていたとしたら、それはだれがみても「完全な属国」ということになってしまうからです。

自衛隊の現状は「統一指揮権密約」を、はるかに超えている

このあと「統一指揮権」の問題は、１９５４年の吉田の２度めの口頭密約（次ページの「コラム３」）をはさんで、しばらく歴史から姿を消すことになります。それが１９６０年の安保改定時にどのようなかたちで復活したかについては、またのちほどお話しするとして、ここではもう一度、１９５１年２月２日の旧安保条約・アメリカ側原案（↓１０９ページ）にもどって、少し大胆な試みをしてみたいと思います。

コラム３　２度めの統一指揮権密約（１９５４年２月８日）

アメリカ下院外交委員会・太平洋小委員会におけるジョン・M・アリソン駐日大使の証言（同年２月17日）

「われわれがかかえている問題のひとつは、〔日本と〕米軍との共同計画にたいして、無責任な口約束は数多くなされてきたが、いままでなんら実際の計画はなされておらず、いまはじまったばかりだということです。

１週間前の月曜日の夜、ジョン・ハル将軍と私が吉田首相に離日のあいさつをしたとき、〔吉田〕氏がこの問題をとりあげ、**〔日本側の〕共同計画担当官は、アメリカ人計画担当官とともに作業を開始することになろう**と、われわれに確証をあたえました。（略）

これは日本国内の政治状況により、いかなる方法においても公表できないことですが、吉田首相はハル将軍と私に対し、在日米軍の使用を含む有事の際に、最高司令官はアメリカ軍人がなるであろうことにまったく問題はないとの個人的保証をあたえました。しかし政治的理由により、これが日本において公の声明になった場合、現時点で都合が悪いことは明白です。
ハル将軍はこの点にかんし、吉田首相からあたえられた保証にきわめて満足し、将軍はなんら公然たる声明もしくは文書を要求しない、とのべました」（アメリカ下院外交委員会『秘密聴聞会議事録（抄）1951～56年』第17巻　合衆国政府印刷局1980年刊）

（注：この2度めの統一指揮権密約について、資料を発見した古関教授は、この内容が1980年にアメリカ政府の刊行物（『秘密聴聞会議事録（抄）』に収録されたことは、アメリカが日本の軍隊に対してもつ指揮権について、既成事実化する意味があったのではないかとの見解を示しています／「日米会談で甦る30年前の密約（下）」）

みなさんはこの章の前半で私が説明した「密約の方程式」について、おぼえていらっしゃるでしょうか（↓103ページ）。

現実の状況と条文の内容があまりにもかけ離れている場合、その落差の部分が密約になっている可能性がある。そしてそうした疑いがあるときは、ひとつ前の段階の条文にもどって、検証してみればよいという法則のことです。

「基地権密約」の研究からみえてきたその方程式を、これから「指揮権密約」にあてはめて考えてみたいと思います。

　そのために、突然ですが、ここでひとつ質問をさせてください。

みなさんは知り合いに、自衛隊の隊員のかたがいらっしゃいますでしょうか？

私は何人か友人に、自衛隊の隊員がいます。

　そして、たとえひとりでも自衛隊に友人がいるかたは、現在の日本の自衛隊が、

「戦争になったら、米軍の指揮下に入る」

というような、なまやさしい状態ではないことは、よくご存じだと思います。

　そもそも現在の自衛隊には、独自の攻撃力があたえられておらず、哨戒機やイージス艦、掃海艇《そうかいてい》などの防御を中心とした編成しかされていない。「盾《たて》と矛《ほこ》」の関係といえば聞こえはいいが、けっして冗談ではなく、自衛隊がまもっているのは日本の国土ではなく、「在日米軍と米軍基地」だ。それが自衛隊の現実の任務《ミッション》だと、かれらはいうのです。

　しかも自衛隊がつかっている兵器は、ほぼすべてアメリカ製で、コンピューター制御のものは、データも暗号もＧＰＳもすべて米軍とリンクされている。

「戦争になったら、米軍の指揮下にはいる」のではなく、

「最初から米軍の指揮下でしか動けない」

「アメリカと敵対関係になったら、もうなにもできない」

もともとそのように設計されているのだというのです。

おどろきの「米軍版・旧安保条約原案」

そこでこうした場合は、ひとつ前の段階にもどって、もっと現状をよくあらわしている条文がないかどうか、チェックしてみるわけです。

「戦争が必要とアメリカ政府が判断したら、日本軍は米軍の指揮下にはいる」と書かれていた１９５１年２月２日のアメリカ側・旧安保条約原案の前に、もっと現状にぴったりの条文がないかどうか。

すると、やはりありました。

それはその３ヵ月前、１９５０年10月27日に米軍（国防省）がつくった旧安保条約の原案です。[*11]

その第14条「日本軍」には、なんとつぎのように書かれていたのです（次ページは同14条の第３節から５節までを矢部が訳し、独自の番号をふったものです）。

①「この協定〔＝旧安保条約〕が有効なあいだは、日本政府は陸軍・海軍・空軍は創設しない。ただし、それらの軍隊の兵力、形態、構成、軍備、その他組織的な特質に関して、アメリカ政府の助言と同意がともなった場合、さらには日本政府との協議にもとづくアメリカ政府の決定に完全に従属する、軍隊の創設計画の場合は例外とする」

②「戦争または差し迫った戦争の脅威が生じたと米軍司令部[*12]が判断したときは、すべての日本の軍隊は、沿岸警備隊をふくめて、アメリカ政府によって任命された最高司令官の統一指揮権のもとにおかれる」

③「日本軍が創設された場合、沿岸警備隊をふくむそのすべての組織は、日本国外で戦闘行動をおこなうことはできない。ただし、前記の〔アメリカ政府が任命した〕最高司令官の指揮による場合はその例外とする」

いやー、これはおどろきです……。
ほんとうに、腰がぬけるほどおどろいてしまいました。

「アメリカ政府の決定に完全に従属する、軍隊の創設計画」

という表現もおどろきですが、

「国外では戦争できないが、米軍司令官の指揮による場合はその例外とする」

という条文もおどろきです。

そしてなによりのおどろきは、いままさに日本の自衛隊は、約70年前にアメリカの軍部が書いた、この旧安保条約の原案のとおりになりつつあるということなのです！

＊11　この国防省作成の原案と指揮権密約の関係について最初に指摘したのも、古関彰一さんでした（「日米会談で甦る30年前の密約（上）」）。原文の閲覧については１９３ページの注を参照してください。

＊12　１９５１年２月２日案では、戦争が必要と判断するのも、最高司令官を任命するのも「合衆国政府《ユナイテッドステイツ・ガバメント》」と書かれていましたが、この米軍のつくった原案では戦争が必要と判断するほうだけは「合衆国《ユナイテッドステイツ》」と書かれており、これは極東米軍司令部または統合参謀本部を意味するものと考えられます（↓３０６ページ）。

マグルーダー陸軍少将――旧安保条約の執筆者

さらにショックなのは、この原案が非常にしっかりとした背景のなかで書かれたものだということです。「とりあえず、軍部が強気の要求を書いてみました」というようなレベルのものでは、まったくないのです。

実はこの原案をまとめたマグルーダー陸軍少将（陸軍省・占領地域担当特別補佐官）は、すでにみたダレスの使節団にも主要スタッフ４人のうちのひとりとして参加しており（↓１１８ページ）、問題の１９５１年２月２日の会議をふくむ事務レベルの交渉や、吉田・ダレスのトップ会談の多くにもずっと参加しつづけていた人物です。そしてときにはダレスの言葉をさえぎってまで、軍部の意見を条文に反映させるよう発言をくり返していたのです。

そもそも日本と平和条約をむすぶうえでのアメリカ政府の基本方針を、同じくダレス使節団の主要スタッフだったアリソン公使（元国務省北東アジア部長）とのあいだで調整作業（国務省・国防省間調整）をおこない、１９５０年９月８日のトルーマン大統領の承認にまでもっていったのが、このマグルーダー少将でした。

そして大統領から承認されたその基本方針をもとに、マグルーダー少将を中心とする国防省のスタッフが条文をつくったのが、この同年10月27日の「安保条約・国防省原案」（以下、マグルーダー原案）だったのです。

さらにそれを国務省側の担当者（ラスク極東担当次官補）に送って協議し、一部修正をくわえたもの（改訂第4版）が、ダレスが翌1951年2月2日に提示した、あの旧安保条約のアメリカ側原案（「日米安全保障協力協定案」）となりました。

つまり旧安保条約とそこから派生した行政協定の条文に関しては、マグルーダー少将こそがほんとうの執筆者であり、かれがまとめたこの「マグルーダー原案」こそが、旧安保条約と行政協定のほんとうの原案だといえるのです！

カーター・B・マグルーダー（1900-1988）。元在韓国連軍司令官兼第8軍司令官、元米国陸軍大将

マグルーダー原案に予言された「日本の悪夢」

とくに、この第14条「日本軍」の条文の、①と②と③の関係に注目してください。

①と③には、これまで私たちがみたことのな

い、

「日本を再軍備させる場合は、アメリカ政府の完全なコントロールのもとに軍隊を創設する」（①）

「創設された日本軍は、国外で戦争をすることはできないが、アメリカ政府の任命した司令官が指揮する場合は、その例外とする」（③）

という内容が書かれています。しかし②の部分をみてください。

「戦争または差しせまった戦争の脅威が生じたと米軍司令部が判断したときは、すべての日本の軍隊は、沿岸警備隊をふくめて、アメリカ政府によって任命された最高司令官の統一指揮権のもとにおかれる」（②）

これはこの章でずっと追いかけてきた、「再軍備と統一指揮権」について書かれていた２月２日の旧安保条約アメリカ側原案・第８章２項（↓１０９ページ）、ほぼそのものなのです！

すでにのべたとおり、「再軍備」も「統一指揮権」も、旧安保条約や行政協定の条文からは姿を消しました。しかしその一方で、「再軍備」については１９５１年２月３日の文書による密約によって、「統一指揮権」については１９５２年７月23日の口頭での密約によって、それぞれ吉田がアメリカ側と合意したことを、私たちはすでにみてきました。

また、そうしたオモテに出せない**「再軍備の計画や、戦争への対応について、徹底的に研究し、計画をたてさせる」**ためにつくられた密室の組織が、日米合同委員会だということも、すでにみてきました。

それらを考えあわせると、①と③についても、それらの内容が密約によって担保されているのではないかという重大な疑いをもって、さらに条文をさかのぼって調べる必要があります。この「マグルーダー原案」のなかに予言されているのは、私たちが安倍政権のもとで、いま、まさに直面している、

「完全にアメリカに従属し、世界中のあらゆる場所で、戦争が必要と米軍が判断したら、その指揮下に入って戦う自衛隊」

という悪夢だからです。

なぜ私たちは占領終結後も、
これほどまでに対米従属をつづけなければならないのか

このマグルーダー原案の「指揮権」についての条文を読めば読むほど、現在の日本の自衛隊と米軍の関係が、そこに書かれたとおりの状態になっていることがわかりま

す。

それは「基地権」についても同じです。同原案の第2項「作戦権限」には、

①「日本全土が、米軍の防衛作戦のための潜在的基地《ポテンシャル・ベース》としてみなされる」〔全土基地方式〕

②「米軍司令官は、日本政府への**通告後**[*13]、軍の戦略的配備をおこなう無制限の権限をもつ」〔日本の国土の完全自由使用〕

③「軍の配備における根本的で重大な変更〔＝核兵器の地上への配備など〕は、日本政府との協議なしにはおこなわないが、戦争の危険がある場合はその例外とする」〔事前協議の設定と、緊急時の完全自由行動〕

といった、ほかの国との基地協定ではまったく考えられないような条項、しかし日本では戦後70年以上たったいまもなお、「日米地位協定＋日米合同委員会＋基地権密約」という密約構造によって、まさに現実そのものである条項が書かれているので

す。

たとえば①と②をみてください。米軍は必要とあれば、日本の国土のすべてを米軍基地としてつかうことができ、自由に軍を配備することができる。軍部自身が作成したこの条項が、すでにみた、

「アメリカは、米軍を日本国内およびその附近に配備する権利をもつ」

という旧安保条約第1条の正体です。

そして③をみてください。軍の配備についての重大な変更についてのみ、日本政府と協議はするが、戦争の危険があるときはその例外とする。この条項こそが、戦後、日本の首相たちがむすびつづけてきた「核密約」や「事前協議密約」の正体なのです。

しかし、もちろん「この軍部の書いた条文こそが、いまの日本の現実そのものだ！」とさけぶだけでは、なんの証明にもなりません。

ですからこのあとＰＡＲＴ２では、さらに時間をさかのぼって、このマグルーダー原案が生まれるまでの歴史的な背景にせまってみたいと思います。

そのプロセスのなかにはまちがいなく、過去70年近くにわたって、われわれ日本人がずっとみずからに問いかけてきた、

「自分たちはなぜ占領終結後も、これほどアメリカに従属しつづけなければならないのか」

という、大きな問題の答えが隠されているはずだからです。

＊13　国務省との協議では唯一、この「**通告後**（after notice）、無制限の権限をもつ」が、「そのような行動をとる場合、日本側のしかるべき代表者と**協議しなければならない**（shall consult）」に変更されました。それはもちろん一定の譲歩ではありますが、「協議（consult）しなければならない」という表現には、「合意（agree）しなければならない」という表現とはちがって、日本側が（たとえば核を積んだ船の寄港を）一方的に拒否する権利はふくまれていません。この点が「事前協議」という概念をめぐる日本側の混乱の大きな原因のひとつになっています。

マッカーサー元帥の出迎えを受けて羽田空港に到着したダレス国務省顧問（1950年6月21日）。（写真提供：共同通信社）

PART 2

ふたつの戦後世界

ダレス vs. マッカーサー

歴史というのは、ほんとうに不思議なものだと思います。

なにごともなく、ただ淡々と流れゆくだけの日々もあれば、「まさか」と思うほど、重大な出来事が連続しておこる時期もある。

むかし、ＮＨＫの番組で「その時歴史が動いた」という人気シリーズがありましたが、まさにそのような、歴史の流れが一瞬に凝縮したような不思議な瞬間が、たしかに存在するのです。

日本の戦後史でいえば、１９５０年の６月というのは、まさにそうした瞬間だったといえるでしょう。

ほんの短期間のうちに、日本の独立をめぐるさまざまなプランが浮上し、激しく交錯したあと、最後は意外なかたちで決着していく。そのとき、おもな登場人物のあいだを飛びまわり、まるで脚本家＆狂言回しのような役割をつとめたのが、本書のなかば主人公といってもいい、ジョン・フォスター・ダレスでした。

かれはその２ヵ月前の１９５０年４月、アメリカ国務省の顧問に就任し、翌５月には対日平和条約の締結という大プロジェクトの責任者に任命されます。そして膨大な資料を読みこんだうえで来日し、６月21日から１週間にわたって、マッカーサーや吉田首相、アメリカの軍部のトップたち[*1]、さらには昭和天皇の側近など、さまざまな立場の人びとと公式・非公式の会談をもち、プロジェクトのスタートにむけて猛烈に動き始めていたのです。

さらにダレスはその直前の6月17日、韓国もおとずれていました。そして北朝鮮との国境である38度線を視察し、国会での演説もおこなったあと、21日には日本にわたって、

「現在、朝鮮半島には差しせまった危険はない」と報告していた。

まさにその直後、6月25日に朝鮮戦争が始まったのです。

＊1 ダレスと同時期に来日していたジョンソン国防長官とブラッドレー統合参謀本部議長など。

まるでシーソーゲームのように展開した朝鮮戦争

朝鮮戦争はアメリカでは「忘れられた戦争」とよばれているそうです。たしかに第2次大戦やベトナム戦争とちがって、私にもこれといったイメージがありません。しかし実はそれはアメリカにとって、かつてないほどのきびしい戦いだったのです。

１６４ページの地図をみてください。開戦からわずか10ヵ月のあいだ、まるでシーソーゲームのようにして、戦況がめまぐるしく変わったことがわかります。

「おいおい、ダレスはわざわざ38度線までいって、こんな大戦争が数日後に始まることが、ほんとうにわからなかったのか？」

と、いいたくなりますよね。つい陰謀論をうたがってみたくなります。

しかしこのときのダレスの言動にウラはなく、かれは開戦の知らせを聞いてほんとうにおどろいたようです。というのも肝心のマッカーサーが、このころ完全に情勢判断をまちがえていて[*2]、北朝鮮が攻めてくることなど絶対にありえないと考えていたからでした。

６月25日に開戦の第一報が伝えられたあとも、マッカーサーは執務室での会議で、

「これはおそらく、たんなる威力偵察にすぎないだろう。ワシントンが邪魔さえしなければ、片手だけでもかたづけてみせる」

と楽観的な態度をみせたといいます。

けれどもそうしたマッカーサーの楽観論をよそに、戦後世界の行方を決定する大戦争が、このときすでにはじまっていたのです。

＊2　米軍は１９４９年６月から、ソウルにスパイ機関「韓国連絡事務所」をつくって北朝鮮の政府や軍に数多くのスパイを送りこんでおり、情報としては北朝鮮の侵攻を予測する数多くの報告がもたらされていました。

コラム４　朝鮮戦争

①まず１９５０年６月25日、北朝鮮軍が国境を越えて南下を始め、韓国軍はあっけなく敗退。３日後にはソウルが陥落します。アメリカは地上軍の派遣を開始し、また７月７日には国連安全保障理事会の決議（３度め）によって「国連軍（＝朝鮮国連軍）」の編成も認められます。しかし、それでも米軍は北朝鮮軍を押し返すことはできませんでした。

②米軍が釜山《プサン》周辺の半島のかたすみにまでおいつめられた９月15日、マッカーサーが周囲の反対を押しきり、有名な仁川《インチョン》上陸作戦を強行。見事大成功をおさめ、一気に形勢が逆転します。

③ところが今度は、中国の警告を無視したマッカーサーが、10月初旬、米軍部隊に

38度線を突破させ、その後、平壌《ピョンヤン》を越えて中国国境にせまったことで、10月末、中国軍の大部隊（人民志願軍）が参戦し、また形勢が逆転します。
④1951年1月には中国軍が正月攻勢をかけ、ソウルを奪回しますが、米軍も3月にはふたたびソウルを奪回。その後は38度線をはさんで、2年後の1953年7月27日の休戦協定まで、攻防がつづきました。

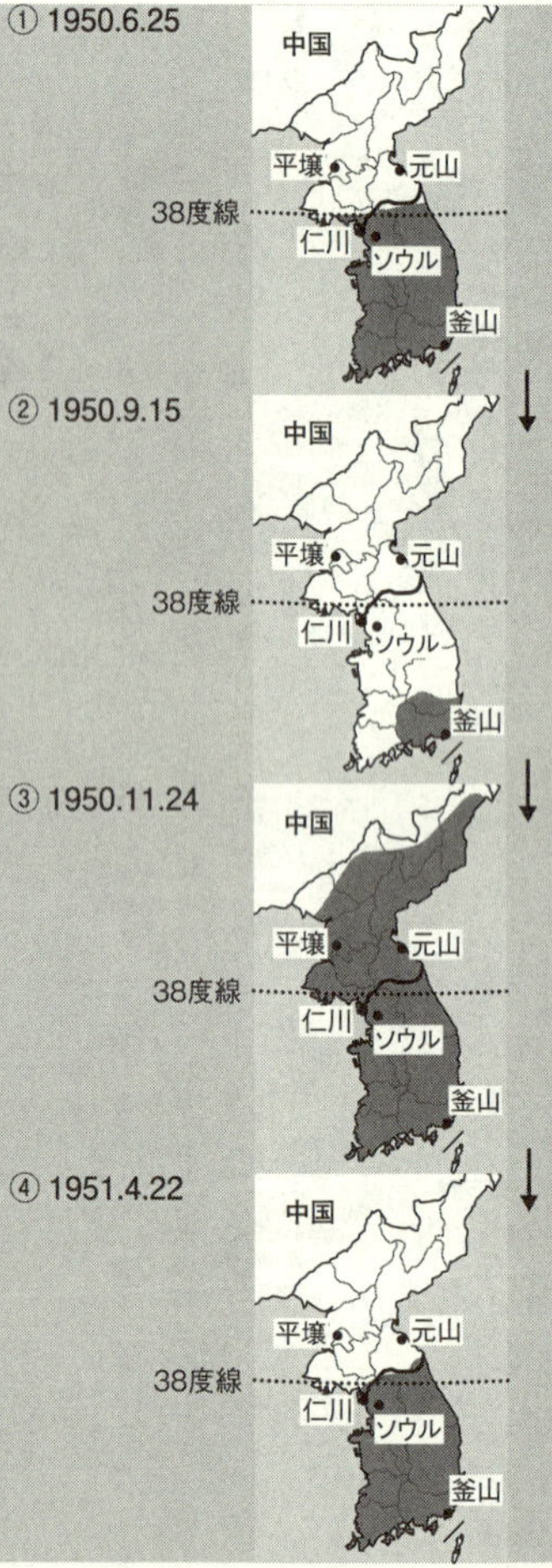

■は米軍（朝鮮国連軍）の支配地域

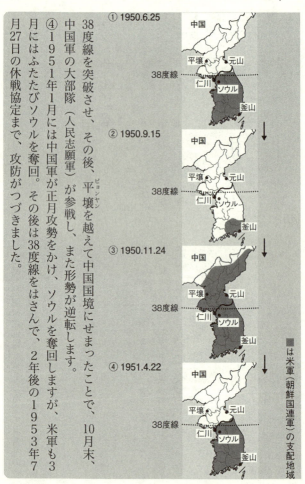

「大きなねじれ」が生まれた原因は、マッカーサーの突然の解任にあった

１９５０年から53年にかけてというのは、日本が敗戦後の占領期を終え、国際社会に復帰していくうえでの非常に重要な時期でした。その全期間を通じてアメリカは、日本のすぐとなりの朝鮮半島で、勝利よりも敗北のほうが多い泥沼のような戦争をたたかっていたのです。

歴史をふりかえると、そのことが再出発を目前にした「戦後日本」という国家のあり方に、決定的な影響をおよぼしたことがわかります。

とくに影響が大きかったのは、この戦争でマッカーサーが仁川上陸作戦の大成功のあと、大きく判断をあやまり、トルーマン大統領に逆らって強硬路線をとりつづけた結果、１９５１年４月11日に解任されてしまったことでした。

みなさんよくご存じのとおり、マッカーサーは「戦後日本」をつくった最初の設計者です。敗戦翌年の１９４６年２月、日本国憲法の草案を書いて、天皇制をのこし（1条）、すべての軍事力を放棄する（９条２項）ことを決めました。そのマッカーサ

ーが、日本の占領が終わろうとするまさにその直前、突如として歴史の舞台から姿を消すことになったのです。

序章でのべた、

「私たち日本人が自力で解決しなければならない大きなねじれ」

が生まれた最大の原因は、この突然起こった朝鮮戦争と、絶対権力者マッカーサーの予期しない退場による、「日本の独立モデル」の大転換にあったのです。

日本の３つの独立モデル

では朝鮮戦争が始まるまえ、１９５０年６月以前の「日本の独立モデル」とは、いったいどのようなものだったのでしょう。

それはかんたんにいうと、

①　マッカーサー　　：日本の「非武装中立」＋沖縄の「軍事要塞化」

②　アメリカ国務省　：ＮＡＴＯのような集団防衛条約（「太平洋協定［Pacific Pact］」）など

③アメリカ国防省‥早期独立には絶対反対　ありえるとすれば軍事面での占領は継続する「部分的講和《パーシャル・ピース》」構想

だったと、まとめることができます。マッカーサーがこの時期、ダレスや米軍のトップたちとの会談にそなえ、準備していたとされる「覚え書き」（「6・14メモ」）などから、そのことがわかるのです。

まず①の「非武装中立」は、占領が始まった当初からのマッカーサーの基本理念でした。

第１回めの会談時のマッカーサーと昭和天皇。
ふたりは、その後計11回の会談をくり返し、「戦後日本」のあり方を決定していった

それは「戦争の違法化」という国連憲章がかかげた戦後世界の新たな理想を反映すると同時に、敵国だった日本から徹底的に軍事力をうばい、アメリカや世界に二度と危害をくわえない存在にするという二重の目的をもった国家モデルでした。

その二重の国家モデルにもとづい

て書かれたのが、すべての軍事力と交戦権を放棄[*3]した憲法9条2項だったのです。

＊3　正確には「戦力の不保持」と「交戦権の否認」。

戦後世界の新しい理想、国連軍構想

ではそのマッカーサーのプランのなかで、軍事力をまったくもたない日本の防衛は、どうすることになっていたのか。

日本近代史研究の権威であるジョン・ダワー氏は、

「マッカーサーの構想では、日本の『非武装中立』は、沖縄をふくむ太平洋の主要な島々に、国連軍を配置することによってまもられることになっていた」

とのべています（『昭和』みすず書房）。

いま私たちは「国連軍」といわれても、あまりピンとこないですよね。ただの夢物語のような印象をもってしまいます。

しかし当時それは、非常にリアルな実体をもった安全保障構想でした。そもそもこの国連軍こそが、国連という新しい国際機構の最大のセールスポイントだったのです。

実はマッカーサーが日本で憲法草案の執筆に着手した1946年2月3日は、ロンドンで国連軍創設のための第1回会議[*4]が始まった日でもありました。その日、マッカーサーが部下たちに示した日本国憲法の基本原則[*5]には、すべての軍事力を放棄した日本の防衛は、

「いまや世界を動かしつつある崇高な理想にゆだねられる」

と書かれていたのです。憲法9条2項が国連軍の存在を前提として書かれた条項であることに、疑問の余地はありません。

ジョン・W・ダワー氏（1938-）。アメリカの歴史学者でマサチューセッツ工科大学教授。
著書、『敗北を抱きしめて』（2001）でピューリッツァー賞受賞（写真提供：共同通信社）

ダワー氏のいうとおり、マッカーサーは沖縄に強力な空軍をおいて、そこに核兵器を配備しておけば、

「ウラジオストックからシンガポールまでの、アジア沿岸の敵軍は確実に破壊できる。だから日本国内に兵力をおかずに、日本の安全を保障することが可能である」

と考えていたのです。

右が、その国連軍構想のかんたんな概念図です。

みなさんよくご存じのとおり、安全保障理事会（以下、安保理）という国連の中枢部は、第2次大戦に勝利した連合国の五大国（米・英・ソ・中[*6]・仏）によって構成されています。

その国連安保理が、まず国際社会のなかに「平和に対する脅威」や「侵略行為」が存在するかどうかを決定し（39条）、存在した場合は「暫定措置（40条）」「勧告（39

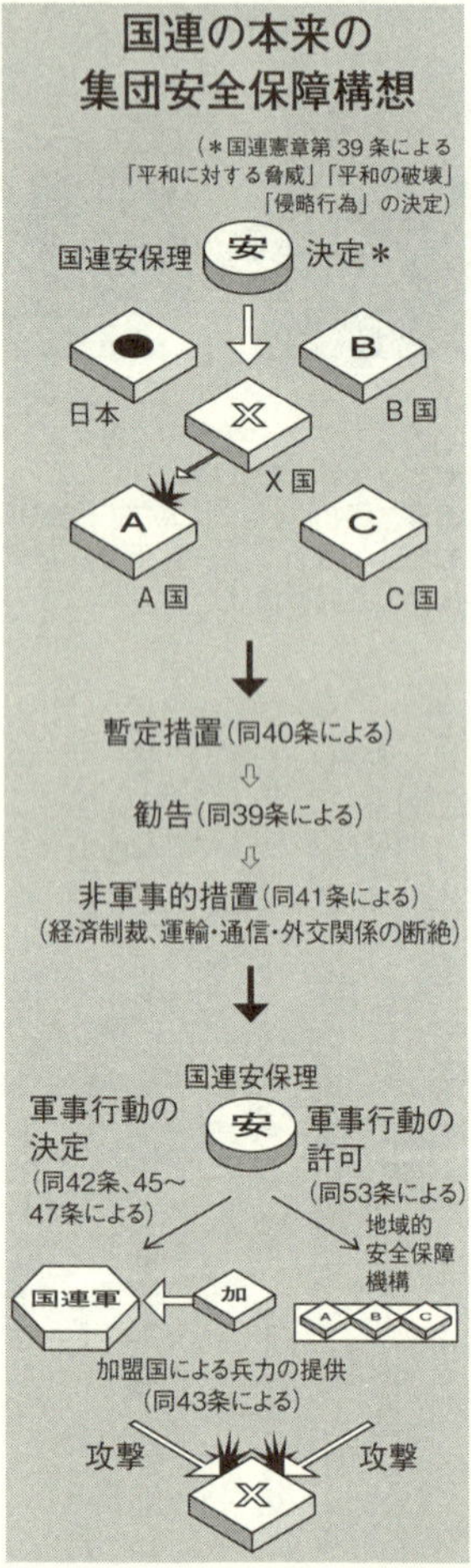

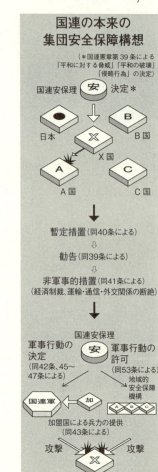

条）」「非軍事的措置（41条）」という3段階の対処をしたあと、それでもまだ状況が改善されなければ、国連軍などをつかって軍事攻撃をおこなう（42条）。それが本来の国連の集団安全保障構想です。

そのために必要な兵力は、国連加盟国と安保理がむすぶ「特別協定」にもとづいて提供され（43条）、その軍事行動は五大国の参謀総長をメンバーとする軍事参謀委員会（47条）の助言のもと、安保理が決定する（46条）ことになっていました。

＊4 「国連安保理決議・第1号」によって招集された、五大国の軍事参謀による「第1回軍事参謀委員会」。

＊5 いわゆる「マッカーサー三原則（マッカーサー・ノート）」。

＊6 1971年10月までは「中華民国」、その後は「中華人民共和国」。

国連軍構想が実現しなかった理由

いまこうして書いていても、

「ほんとうに惜しかったな」

と思います。

もしこの国連軍構想が実現していたら、そしてマッカーサーとその側近たちが夢見ていたように、１９４８年の大統領選でマッカーサーが勝利し、この構想を世界規模で実現させていたとしたら……。

日本国憲法は、まさに新しい時代の理想の憲法として、世界中の憲法のモデルとなったことでしょう。そしてあらゆる軍事力と交戦権を放棄した9条2項も、まさに世界最先端の憲法条項として、多くの国がそのまねをすることになったはずです。

しかし残念なことに、現実の世界はそうは動きませんでした。

その理由のひとつは、国連軍構想にとってもっとも重要な条文の協議が、まったく進まなかったことにあったのです。

ここはこの本のテーマ全体にかかわる重要なポイントなので、みなさんにひとつ質問をさせていただきます。みなさんはその「もっとも重要だった条文」とは、１７０ページの図のなかで、どの条文だったと思いますか……。

ふつうに考えると、国連軍による軍事攻撃についてさだめた42条のような気がしますよね。しかし実際はそうではなく、もっとも重要な条文として協議されていたのは、国連軍への兵力の提供についてさだめた43条だったのです。

いわれてみると当然です。いくらこまかく使い方を決めたって、実際の兵力をだれがどう提供するかが決まってなければ、すべては絵に描いたモチに終わってしまいます。

43条ではそうした兵力は、各国が国連安保理とむすぶ「特別協定」によって提供されることになっていました。しかしその肝心の「特別協定」についての協議が、米ソ間の基本構想の対立によって、まったく進展しなかったのです。[*7]

そのため、現在までこの「特別協定」は結局一度もむすばれることがなく、正規の国連軍構想は「人類の見はてぬ夢」のまま、歴史のなかに消えてしまうことになったのです。

＊7　「特別協定」について合意できなかった最大の原因は、五大国が提供する兵力について「小規模&各軍・五ヵ国同数」を主張するソ連と、「大規模&五ヵ国分業制（空軍はアメリカが中心）」を主張するアメリカの対立にあったとされています。この問題を協議する軍事参謀委員会（五大国の参謀総長がメンバー）は、１９４６年２月から１９４８年８月まで開かれましたが、結局、成果はなにもあげられませんでした（香西茂《こうざいしげる》「国連軍」『国際連合の研究　第一巻』有斐閣）。

NATOの太平洋版として構想された「太平洋協定（Pacific Pact）」

つぎはアメリカ国務省が１９５０年の３月ごろから考え始めていた、ＮＡＴＯの太平洋版である②の太平洋協定[*8]について見てみましょう。

この協定のメンバーは当初、アメリカ、カナダ、フィリピン、オーストラリア、ニュージーランド、そして日本が想定されていました。

カナダが入っているところなど、まさにＮＡＴＯそっくりですよね。[*9]

この構想についても、もしそれが実現していたら、その後の日本はどうなっていただろうと思うことがよくあります。少なくとも現在のような、国家の安全保障を長年２ヵ国だけの密室でやってきてしまったことのツケは、はらわずにすんだはずです。

また、同じ敗戦国だったドイツが、ＮＡＴＯへの参加を許されたあと、そのなかで着実に国家主権を回復していった経緯は、日本の現状にくらべてうらやましいかぎりです。

けれどもその一方、これは集団的自衛権（国連憲章51条）にもとづく軍事同盟ですから、再軍備と憲法改正も必要ですし、その後の朝鮮戦争やベトナム戦争には、当然、なんらかのかたちで参戦することになったでしょう。日本にとって、はたしてどちらがよかったかは、正直「神のみぞ知る」としか、いいようがありません。

　この太平洋版のＮＡＴＯ構想については、ダレスは当初から、アメリカがＮＡＴＯ諸国に対してもつような「兄弟愛《ブラザーフッド》」を日本とのあいだにもつことは困難だと、かなり否定的だったのですが、[*10]　１９５１年１月からは大統領命令により、その実現にむけて努力することになります。

　けれどもすでに１９５０年６月の時点でマッカーサーはこの計画に明確に反対しており、その後、オーストラリアやニュージーランドは大戦中の記憶から、日本と同盟関係になることを拒否します。日本も再軍備と憲法改正については国民の反対が強く不可能でしたし、さらにはアメリカの最大の同盟国であるイギリスも、自国が参加できないこの構想に強く反対していました。

　ですからふりかえってみると、これはその時点でまったく実現の可能性のないプランだったということがわかります。

　そのため、結局この構想を３つに分割するかたちでアメリカは、日本とは旧安保条約（１９５１年９月８日）を、フィリピンとは米比相互防衛条約（同年８月30日）を、オーストラリア・ニュージーランドとはＡＮＺＵＳ条約（同年9月1日）を、ほぼ同時期にそれぞれ独立した安全保障条約としてむすぶことになりました。

＊8　太平洋集団安全保障条約とよばれることもあります。
＊9　その後、１９５１年1月になってこの案が再浮上したときには、候補国からカナダが外れ、インドネシアが想定されるようになっていました。
＊10　ダレス自身が上院議員だったときに議題となった、北大西洋条約の批准に対してさえ、上院でかなり強硬な反対があったという経験にもとづく判断でした（１９５０年4月7日の発言）。

「日本の安全保障」がもつ、ふたつの側面

この太平洋協定に関して私たちがよくおぼえておかなければならないのは、それがはっきりと二重の意味をもつ構想だったということです。つまり一方では、通常の安全保障協定であると同時に、もう一方では、メンバーの一員である日本が占領の終結後、ふたたび侵略的な軍事行動をとるようになったらどうするのだという、フィリピ

ンやオーストラリア、ニュージーランドなど、近隣諸国の強い軍事上の不安に配慮した構想でもあったのです。

実際にトルーマン大統領は、

「この取り決めは、外部からの侵略に共同で立ちむかうとともに、加盟国の一国、**たとえば日本がふたたび侵略的になった場合は、その攻撃にも共同で立ちむかうという二重の目的《デュアル・パーパス》をもつ**ことになる」（1951年1月9日）

と明言していました。

つまりこの独立モデルにおいても、やはり日本国内に巨大な米軍基地は存在しつづけ、しかも**そこに駐留する米軍は、いざとなったら他国と共同で日本を攻撃する役割をもっていた**ということです。

私たち日本人は、自分ではもうすっかり忘れているのですが、この時期の日本の独立にむけた安全保障構想には、すべてこうした、

「日本のための安全保障（Security for Japan）」と、

「日本に対する（周辺諸国の）安全保障（Security against Japan）」

というふたつの側面があったことを、つねに意識しておく必要があります。わずか数年前、第2次大戦で日本軍から大きな被害をうけた周辺諸国の不信感は、それほど

強いものがあったのです。

平和条約の議論も、最初は「日本に対する安全保障」としてスタートした

そしてもちろん旧安保条約にも、そのふたつの側面がありました。ＰＡＲＴ１でみたように、アメリカが密約で「日本軍の指揮権」にこだわりつづけたのも、そこには、

「日本を軍事的に利用したい」という目的のほかに、

「日本がふたたび軍事的脅威にならないよう、完全なコントロール下においておきたい」

という、もうひとつの目的があったからなのです。

ダレスとの交渉の最前線に立った西村熊雄（外務省条約局長）は、もちろんそのことを一番よくわかっていた人物でした。かれは著書のなかで、

「そもそも対日平和条約に関する安全保障の問題は、初期には〔もっぱら〕『日本に対する安全保障』（Security against Japan）として論じられていた」

とのべています。

それが「日本のための安全保障（Security for Japan）」の議論に変わっていく大きなきっかけとなったのが、１９４９年８月のソ連の核実験成功と、同年10月の中華人民共和国（共産党中国）の誕生、１９５０年２月の中ソ軍事同盟の締結、そして同年６月に始まった朝鮮戦争だったのです。

在日米軍の法的地位は変えない「半分講和《ハーフ・ピース》」構想

最後に③の「アメリカ国防省の日本独立モデル」（１６７ページ）についていえば、当時アメリカの軍部は、米軍基地がつかえなくなる可能性のある日本の独立、つまり平和条約の締結については、絶対反対の立場をとっていました。ですから日本と平和条約をむすぶ場合の条件として、

「在日米軍基地の使用継続と、ソ連・中国の対日平和条約への参加」

という絶対に両立不可能な要求をして、国務省とマッカーサーをこまらせていたのです。

その軍部がこの時期、唯一受け入れ可能なプランとして考えていたのが、「部分的講和《パーシャル・ピース》」構想でした。このアイデアについて、いちばんわかりやすい説明をし

ていたのは、提案者の陸軍次官ヴォーヒーズです。

かれはそのコンセプトを、

「在日米軍の法的地位は変えない半分講和《ハーフ・ピース》」

と表現していたのです。

これまで沖縄や首都圏の近郊で、数多くの米軍基地を目にしてきた私にとって、このヴォーヒーズの言葉は、「戦後日本」の本質と現実をひとことであらわす、実にみごとな表現に思えます。

もともとこの構想は、対日平和条約に強く反対する軍部のために、国務省が考えだしたプランのひとつで、当初はつぎのような基本方針として提案されていました。

「政治と経済については日本とのあいだに『正常化協定』を結ぶが、軍事面では占領体制をそのまま継続する」

（バターワース極東担当国務次官補からアチソン国務長官宛の報告書／１９５０年１月18日）

ヴォーヒーズの言葉が、さらにわかりやすく解説されています。

いまでも在日米軍の高級将校たちには、なんらかのかたちでこのコンセプトが伝わっているのでしょう。かれらはよく、

「1952年（占領終結）や1972年（沖縄返還）に日本へ返還したのは、『民政』であって『軍政』ではない」

という言い方をすることがあります。

戦後日本に存在する「絶対的な矛盾」

それでは朝鮮戦争が始まった時点で存在していた日本の「独立モデル」についてひととおり紹介したところで、一度問題を整理させていただきます。
私は8年前に沖縄で米軍基地の取材をはじめてから、ずっと頭にひっかかっていたことがありました。
それは序章でお話しした「日本社会に存在する大きなねじれ」、つまり、
A：「史上最大の軍事力をもち、世界中に出撃して違法な先制攻撃をくり返す在日米軍」と、

B：「いっさいの軍事力をもたないことを定めた日本国憲法9条2項」という巨大な矛盾が、いったいなぜ生まれ、現在までつづいてきてしまったのか。そして私たちは今後、いったいどうすれば、それを正しいかたちで解消していくことができるのか。その方法を知りたいということです。

思えばこの8年間、そのことばかりを考えてきたような気がします。沖縄ではこの大きな矛盾、いいかえると「日米軍事同盟vs.平和憲法」という矛盾が、ただ観念的な問題としてではなく、実際に目に見えるかたちで日々、展開されているからです。

たとえば、いま世界的な問題になりつつある辺野古の新基地建設問題（↓53ページ）があります。現地にいけばすぐにわかるように、あの辺野古の岬のとなりには巨大な弾薬庫があって、米軍は55ページで紹介した過去の密約によって、いつでもまた、そこに核兵器をもちこむことができると考えています。

しかし、もしそこにほんとうに核兵器がもちこまれ、そこから飛びたった米軍の爆撃機が、国連の決議なく他国を核攻撃したとしても、憲法9条2項をもついまの日本では、それはまったくの合憲ということになってしまうのです！

いったい、どうしてそんなことになってしまったのか。

さすがにこの問題を考えていると、頭がボーッとしてきて、思考がどうどうめぐりをくり返すことしかできませんでした。絶対にとけない謎のように思えていたのです。

「米軍＝国連軍」と思っていたら、「米軍≠国連軍」だった

ところが、２０１５年の３月のことでした。私の本をテレビの番組でとりあげてもらったとき、あるディレクターのかたから打ち合わせで、こんなことをいわれたのです。

「矢部さん、その『大きなねじれの話』ですけど……**結局、米軍は国連軍だと思ってたら、実は国連軍じゃなかったという話でいいですか**」

その言葉を聞いて、私はアゼンとしてしまいました。

ほんとうにかれらテレビマンという人たちは、物事の本質をかんたんに表現する天才だと思います。

そうなのです。私がずっと悩んできた先のＡとＢの絶対的な矛盾は、もし、

「米軍＝国連軍」

であれば、そこに論理的な矛盾はなくなるのです。

個別国家の戦争を禁じた戦後世界において、国連安保理だけはみずからの判断によって、どのような軍事行動をとることも許されているからです。

さらに基地の問題だけでなく、ＰＡＲＴ１で追いかけてきた「指揮権」の問題についても、矛盾はなくなります。たとえ国内であろうと国外であろうと、もしそれが国連憲章にもとづく理想的な「国連軍」であれば、その指揮下に入ることは日本国憲法の精神と矛盾しないでしょう。

ＰＡＲＴ１の最後でみた、あの「マグルーダー原案」にしても、

「米軍＝国連軍」

と仮定して読みなおしてみれば、それほどひどい条文とはいえないのです。

しかし実際には、

「米軍＝国連軍」だと思っていたら、

「米軍≠国連軍」だった。


なぜそんなことになったのか。そして私たちはその問題をどう解決していけばいい

のか。
　このあとその問題について、くわしく検証してみたいと思います。

「日本の占領終結」に関する法的な構造

　いま、フライング気味に、ほんとうは結論の部分で書くべきようなことをお話ししてしまったのは、ここからの説明が少し複雑になるからです。基本的には、いまお話しした、

「米軍＝国連軍」 ⇩ 「米軍≠国連軍」

というプロセスの検証ということになるのですが、このトリックをしかけたダレスという人物は、そもそも国連憲章の重要な執筆者のひとりであり、国際法をだれよりも熟知したウォール街きってのスゴ腕弁護士でした。
　私も今回、約3ヵ月かかって各種資料を読み、ようやくかれの考えていたことのアウトラインが理解できるようになりました。しかしそのためには最低でも、次ページのような、AからEの5つのブロックに分類した「法的な取り決め」が、それぞれなにを意味しているか、大まかにでも理解しておく必要があったのです（次のA～Eの

なかで、四角でかこんだものが本書の内容に関係のある重要な取り決め。そのなかの太字のものが密約または事実上の密約です）。

【「日本の占領終結」に関係のある法的な取り決め】

A　1941年～1950年

①大西洋憲章　②連合国共同宣言　③モスクワ宣言　④国連憲章

⑤ポツダム宣言　⑥日本国憲法　⑦ヴァンデンバーグ決議

⑧国連安保理決議第84号　⑨国連総会決議第377号

⇩

B　1951年～1952年

●旧安保条約　関連文書（全7件）

（平和条約本文について）①平和条約　②議定書　③宣言

（旧安保条約本文について）**④旧安保条約**　**⑤吉田・アチソン交換公文**

（行政協定について）**⑥行政協定**　**⑦岡崎・ラスク交換公文**

⇩

C　1954年

①国連軍地位協定　**②国連軍地位協定に関する合意議事録**

③日米相互防衛援助協定（ＭＳＡ協定）

⇦

D

１９５９年

①砂川裁判・最高裁判決

⇦

E

１９６０年

●新安保条約　関連文書（全17件）

（条約本文について）①新安保条約　②平和条約第３条諸島に関する合意議事録

（協議について）③岸・ハーター交換公文（事前協議制度に関する公文）

④討議の記録（事前協議制度に関する密約）　⑤事前協議に関する岸・アイゼンハワー共同声明における米側の保証

（地位協定について）⑥地位協定　⑦地位協定に関する合意議事録

（合同委員会について）**⑧地位協定第３条および第18条第４項に関する議事録（基地権密約）**　⑨合同委員会における取り決めの効力継続に関する公文　⑩基本労働契約の１年猶予に関する書簡　⑪地位協定第12条６（ｄ）（基地従業員の解雇

にかかる費用）に関する交換公文　⑫米軍に対する１９６０年度防衛分担金の延期に関する非公式文書

（吉田・アチソン交換公文について）⑬吉田・アチソン交換公文の交換公文

⑭安全保障協議委員会（ＳＣＣ）第１回会合の議事録（朝鮮戦争・自由出撃密約）

⑮一定期間の防空協定に関する今井・バーンズ書簡

（その他）⑯相互防衛援助協定に関する交換公文

⑰安全保障協議委員会の設置に関する往復書簡

なぜ「米軍＝国連軍」が、「米軍≠国連軍」となっていったのか？

ちょっと、おどろかれたかもしれません。

「こんなにいっぱい条文があるのか。まさかこれを全部読めというんじゃないだろうな」と。

いえいえ、大丈夫です。

いつかはこれらの条文をすべてひとつの大河小説のようにして、頭から時代順に書ききってみたいものだと思いますが、今回はページ数の関係で、ほんとうに重要なところだけしかふれることができません。だから、どうかご安心ください。

それでは、このあと、このチャートをときどき横目でながめながら、

①朝鮮戦争の直前（１９５０年６月23日）
②朝鮮戦争の勃発（１９５０年６月25日）
③第１次交渉の合意まで（～１９５１年２月９日）
④マッカーサーの解任（１９５１年４月11日）
⑤新安保条約の調印（１９６０年１月19日）

という５つの大きな節目ごとに、なぜ、

「米軍＝国連軍」⇩「米軍≠国連軍」

というプロセスが進行してしまったのか、その謎を検証してみたいと思います。

1　朝鮮戦争直前――マッカーサー・モデルの崩壊

これから検証する、

「米軍＝国連軍」⇩「米軍≠国連軍」

というプロセスは、ある意味では、

「マッカーサー・モデル」（「非武装中立＆国連軍モデル」）の崩壊プロセスだったということもできるでしょう。

その劇的な「最初の崩壊」が起こったのは、朝鮮戦争のはじまるわずか2日前、1950年6月23日のことでした。この日に書いた覚え書き、いわゆる「6・23メモ」のなかでマッカーサーは、占領がおわったあと、米軍が日本でもつべき基地の権利について、つぎのように提案していたのです（以下は、同メモ中の第2項の要約です）。

①「日本全土が、米軍の防衛作戦のための潜在的基地《ポテンシャル・ベース》とみなされねばならない」

〔全土基地方式〕

②**「米軍司令官は軍の配備をおこなうための無制限の自由をもつ」**〔日本の国土の完全自由使用〕

③「日本人の国民感情に悪影響をあたえないよう、米軍の配備における重大な変更〔＝核兵器の地上への配備など〕は、米軍司令官と日本の首相との協議《コンサルテーション》なしにはおこなわないという条項をもうける。しかし、**戦争の危険がある場合はその例外とする**」〔事前協議制度の設定と、緊急時の完全自由行動〕

マグルーダー原案の「基地権条項」は、マッカーサーが書いていた！

「えーっ、なんだこの条文は！」

と思われたかもしれません。そうです。これはこの４ヵ月後（10月27日）に書かれることになる、あのマグルーダー原案の「基地権条項」（１５６ページ）ほとんどそのものといってよいのです。

われわれ日本人にとって信じがたいことですが、あの基地についてのめちゃくちゃな米軍の特権をさだめた条文のほんとうの執筆者は、実は、

「日本の本土には絶対に基地をおかない」
と長年いいつづけていた、マッカーサー本人だったのです。
いったいどうして、こんなことが起こってしまったのでしょうか？

だれでもネット上で読むことができる重要な公文書

その理由は、この「6・23メモ」からちょうど1週間後の6月30日、ダレスが書いた覚え書き（「6・30メモ」）のなかでくわしく説明されています。

ここで少し余談になりますが、こうしたアメリカの重要な公文書[*11]は、いまはネット上でだれでもかんたんに読むことができます。どれも非常にわかりやすい英語で書かれているので、みなさんもぜひ一度、ご自分で読んでみてください。

もしネット上で公開されていなければ、おそらく私は一生、このマッカーサーの「突然の方針転換」について、ほんとうの事情を知ることはなかったでしょう。

ここがアメリカの強さです。どんな国籍のどんな立場の人間にも、歴史的事実にもとづいて調査し、議論する道が開かれている。２００1年、情報公開法が施行される直前に、日米密約に関する重要文書を大量に破棄したとされる日本の外務省（条約局と北米局）を思うとき、そのあまりの落差にぼうぜんとしてしまいます。

＊11「6・14マッカーサー・メモ」「6・23マッカーサー・メモ」「6・30ダレス・メモ」「10・27マグルーダー原案（国防省原案）」をさしています。これらはそれぞれネット上の『アメリカ外交文書』（１９５０年・第6巻）の１２１３ページ、１２２７ページ、１２２９ページ、１３３６ページで読むことができます。
(https://history.state.gov/historicaldocuments/frus1950v06/pg_x：最後のx部分に各ページ数が入る)

方向転換をしたがっていたマッカーサー

ただしここから、話は少し複雑になってきます。

実はマッカーサーはこの前年から、米軍基地についてのそれまでの方針を、微妙に転換しはじめていました。軍部から日本の本土に米軍基地をおきつづけることを、日本と平和条約を結ぶための絶対条件として強く求められていたからです。

さらに日本政府も独自の動きをみせていました。吉田首相は、マッカーサーの従来の方針に真正面から反対するかたちで、この「6・23メモ」が書かれた2ヵ月前、側近の池田大蔵大臣をアメリカ本国へ派遣して、

「日本政府はできるだけ早い時期の平和条約締結をめざしている。その場合、米軍を日本に駐留させる必要があるだろうが、**もしその希望をアメリカ側から言い出しにくければ、日本側からオファーすることを考えてもいい**」（１９５０年5月3日）

という極秘メッセージを、マッカーサーへの相談なしにアメリカ政府に伝えていたのです。そのことを知り、おそらく激怒したと思われるマッカーサーですが、さすがに自分が孤立しつつあることを思い知らされ、方針の転換をせまられていたのです。

しかし、占領終結後も米軍（占領軍）が日本の本土に駐留しつづけることは、

「占領の目的が達成されたら、占領軍はただちに日本から撤退する」

と書かれたポツダム宣言に、完全に違反します。

マッカーサーはそれまでポツダム宣言を根拠として日本を占領し、日本国民に命令し、連合国軍最高司令官として君臨してきたわけですから、それだけは絶対にできません。

そのためかれは、それまで自分がおこなってきた占領政策と、なんとか矛盾しないかたちで日本の本土への米軍駐留を認められないか、頭をひねっていたのです。*12

＊12　6月14日に書いたとされる覚え書き（「6・14メモ」）でマッカーサーは、ポツダム宣言で日本占領の前提とされている「無責任な軍国主義が世界から放逐されるまで」という条項を、「無責任な軍国主義＝ソ連共産主義の脅威」と解釈しなおすことで、その脅威がなくなるまで米軍は駐留をつづけられるという案を示していました。

国連憲章43条と１０６条をつかえばよいのです

そんなマッカーサーに絶好の知恵をあたえたのは、やはりダレスでした。

ダレス自身の説明によれば、かれはマッカーサーが問題の「6・23メモ」を書く前日（6月22日）、マッカーサーと会談し、そのとき、

「それには国連憲章43条と１０６条をつかえばよいのです」（注：この言葉そのものは想像です）

とアドバイスしたというのです（「6・30ダレス・メモ」）。

ここで一度、１８６～１８８ページの[A]～[E]を見てください。いまからお話しする

のは、この図のなかの「Aブロック」の問題ということになります。

なぜ、つい最近まで「日本の本土には米軍基地をおかない」といっていたマッカーサーが、国連憲章の条文をたったふたつ、つかっただけで、日本の国土全体を米軍の潜在的基地《ポテンシャル・ベース》にするなどという、まさに百八十度の大転換をすることができたのか。このダレスのアドバイスの意味は、いったいなんだったのか。

まず、問題の43条を見てみましょう。すでにふれたとおり、これは国連軍構想を実現するにあたってもっとも重要と考えられていた条文で、各国が国連に兵力を提供するためにむすぶ「特別協定」についてさだめたものでした。

国連憲章　第43条1項

国際平和と安全の維持に貢献するため、**すべての国際連合加盟国は、安全保障理事会の要請にもとづき、**（略）**特別協定にしたがって、**国際平和と安全の維持に必要な**兵力《アームド・フォーシズ》、援助《アシスタンス》および便益《ファシリティーズ》を安全保障理事会に利用させる**ことを約束する。（略）

そして、つづく同条3項でこの「特別協定」は、

「国連安保理と加盟国とのあいだでむすばれる」ことが、さだめられています。

しかし私はさきほど、この「特別協定」は結局一度もむすばれなかったため、国連軍構想は歴史のなかに消えていってしまったと書きました。その無意味になったはずの条文が、いったいなぜマッカーサーの役にたつというのでしょうか。

「6・30ダレス・メモ」のロジック

ダレスは6月30日のメモのなかで、その内容をこう説明しています。

平和条約をむすんだあと、さらに米軍が日本に駐留をつづけるにあたっては、その駐留がたんにアメリカ一国の利害にもとづくものではなく、「国際社会全体の平和と安全」という枠組みのなかでおこなわれることが望ましい。そういって、私は次のメモをマッカーサー元帥に渡し、その内容を説明したのだと。

「本来の国際法の流れでは、

1. 日本が平和条約をむすぶ。

2. 次に日本が国連に参加する。
3. そのとき国連が完全に機能していれば、国連憲章43条がさだめるとおり、日本は国連安保理と『特別協定』をむすんで、軍事上の『便益《ファシリティーズ》』を安保理に提供することが可能になります。
4. ところが現在、43条でさだめられた『特別協定』は実現しておりません。その場合、わが国をふくむ安保理常任理事国・五ヵ国には、国連憲章１０６条によって、『特別協定が効力を生じるまでのあいだ』にかぎり、『国際平和と安全のために必要な行動』を『国連に代わってとる』ことが認められております。

そこで提案なのですが、日本は自国の国連加盟が実現し、くわえて43条の効力が発生するまでのあいだ、ポツダム宣言署名国（＝連合国）を代表するアメリカとのあいだに、『特別協定』に相当する協定をむすび、アメリカに軍事基地《ミリタリー・ファシリティーズ》を提供する。国連軍構想が実際に動きだせば、それらの基地は国連軍の基地となる。そういう考え方でいかがでしょうか」（注：マッカーサーに渡したメモの内容に一部、「6・30メモ」本文中の説明を加筆しています）

「国連軍のようで国連軍でない」在日米軍の誕生

少し複雑ですが、おわかりになりましたでしょうか。

つまり、**正規の国連軍ができないあいだは、国連憲章のなかにある「暫定条項（106条）[*13]」をつかって、日本が「国連のようなアメリカ」とのあいだに、「国連憲章・特別協定のような二ヵ国協定（＝旧安保条約）」をむすんで、「国連軍基地のような米軍基地」を提供することにすればいい。それは国際法のうえでは合法です**と、ダレスはいっているのです。

まさにこのとき、テレビ・ディレクター氏のいった、**「国連軍のようで国連軍でない」、まるで二《に》人《にん》羽《ば》織《おり》のような在日米軍の基本コンセプトが誕生してしまった**というわけです。

そしてその結果、マッカーサーは心を痛めることなく、

「日本の国土全体を米軍の潜在的基地とする」

という基本方針を執筆することができたのです。

ダレスは、この「6・30メモ」の最後を、

「マッカーサー元帥はこのとき、この案に全面的に賛成され、これなら日本人も受け入れやすいだろうと語った」
と、むすんでいます。

＊13　国連憲章・第１０６条は、「敵国条項」として有名な第１０７条（＝敵国の戦後処理の問題に国連憲章の条項は適用されない）とともに、「安全保障の**過渡的規定**」と題された第17章におさめられています。

　１９４５年６月26日、国連憲章の条文が確定し、50ヵ国によって署名されたとき、連合国と日本との戦争はまだつづいていました。ドイツの占領もはじまったばかりで、国連憲章の効力が発生するのもまだかなり先の話と考えられていました（結局、４ヵ月後の10月24日に発効します）。

　そのためこの１０６条が、国連が機能するまでの「**過渡的**《トランジショナル》**な時期**」にかぎってのみ、五大国が安保理に代わって行動することを認める「暫定条項」としてつくられたわけですが、五大国に非常に大きな特権をあたえる条項であるため、１０７条とともに現在でも国連憲章のなかに存在しつづけています。

　国連憲章・第１０６条

「第43条にかかげる特別協定でそれによって安全保障理事会が第42条にもとづく責任の遂行（＝国連軍による軍事行動）を開始することができると認めるものが効力を生ずるまでのあいだ、１９４３

年10月30日にモスクワで署名された4ヵ国共同宣言の当事国（＝米英ソ中）およびフランスは、この宣言の第5項[*14]の規定にしたがって、**国際平和と安全の維持のために必要な共同行動をこの機構に代わってとるために、**たがいに協議し、また必要に応じて他の国際連合加盟国と協議しなければならない」

＊14　モスクワ宣言　第5項（1943年11月1日発表）
「法と秩序をふたたび確立し、一般的安全保障制度（＝のちの国連）が発足するまでのあいだ、**国際平和と安全の維持のために、諸国家に代わって共同行動をとるため、**われわれ4ヵ国はたがいに協議し、必要な場合には他の連合国とも協議する」

ダレスvs.マッカーサー

しかし私は今回、この約70年前のアメリカの公文書を読んで、マッカーサーが喜ぶ姿を頭に思いうかべながら、「無惨だな」という気もちをおさえられないでいます。

マッカーサーはだれもが知るとおり、アメリカの陸軍士官学校《ウェスト・ポイント》を史上最高の成績で卒業した飛びぬけた秀才で、第2次大戦や朝鮮戦争においても伝説的な勝利をおさめた英雄でした。しかし、この国際法の世界においては、やはりダレスの前では赤ん坊同然だったのだなと思わざるをえないのです。

というのもマッカーサーは、自分が日本占領において夢見た「国連軍構想」、つまり個別国家は戦争をする権利をもたないとする新しい時代の集団安全保障構想を、できる前からつぶすことを決めていた人物こそ、いま自分の目のまえにすわって、にこやかに助言をしてくれているジョン・フォスター・ダレスであることを、最後までわかっていなかったように思えるからです。

国連は自分がつくったと考えていたダレス

ダレスはマッカーサーほど有名ではありませんが、やはり世界史上の巨人といっていいでしょう。むしろ、いま私たちが生きている「戦後世界（＝第2次大戦後の世界）」という観点からみれば、その影響はマッカーサーよりもはるかに大きい。ひとことでいうと、かれは国連憲章のきわめて重要な条項の執筆者であり、その意味で「戦後世界の設計者」のひとりといえるからです。

タカ派のイメージが強く、冷戦構造の構築者として有名なダレスですが、意外にも牧師の父を心から尊敬していたかれは、青年時代からずっとキリスト教的世界観にもとづいて戦争と平和の問題を考えつづけ、いったいどうすれば世界に平和がもたらされるかというテーマを生涯追究しつづけた人物でした。

自伝を読んでみると、おどろいたことにかれは、国連はルーズベルトではなく、自分こそがキリスト教的な平和の理念にもとづいてつくったのだという強烈な自負をもっていたことがわかります。（以下、“War or Peace” The Macmillan Company, 1950 より）

「1941年8月、ルーズベルト大統領とチャーチル首相が大西洋憲章にサインしたとき、ルーズベルトは『国際機構（＝国連）』については否定的だった」

一般には国連憲章の基本理念になったとされている大西洋憲章ですが、ダレスによればそこにサインしたときルーズベルトは、現在の国連のような国際機構は想定していなかった。

それをアメリカ国内のプロテスタント勢力を結集し、さらにはカトリック教会やユダヤ教会とも緊密に連携して、国連の創設にまでこぎつけたのは自分の力だとかれは考えていたのです。

「その後の出来事は大きな教訓に満ちている。**民間の指導力と個人的な努力（＝つま**

りダレスの活動〕が、国家の平和政策を動かすうえで、重要な役割を演じることができるという事実を示しているのである。（略）

私が委員長をつとめるキリスト教会連合協議会[*15]**の委員会**は、大西洋憲章が発表された直後の１９４１年９月、最初の大会を開催した。私たちはすぐにアメリカの世論に呼びかけ、国際機構〔＝国連〕の必要性を認めさせるための遊説運動を開始した。[*16]

（略）

こうしたさまざまな努力は、やがて大きな成果をもたらすことになった。１９４３年、国際機構を支持する決議案が上院と下院で採択され、（略）**同年10月30日にはイギリス、ソ連、中国とのあいだで、国際機構を樹立するための『４ヵ国宣言〔＝モスクワ宣言〕**[*17]**』が合意された。**

こうして世論がリードするかたちで、〔大西洋憲章から〕２年後、政府の方針が変更されたのである」

＊15　主流派プロテスタントの全国組織。１９５０年に「宗派を超えた全キリスト教会の全国組織」である全米キリスト教会協議会（ＮＣＣ）に改組されました。

＊16　ダレスが１９４３年３月に発表した、国際機構の設立の必要性をうったえる「平和の六支

柱」という論文は大きな反響をよび、同月26日にダレスはルーズベルト大統領ともホワイトハウスで会談をしています。

＊17　国連憲章の第１０６条（２００ページ）に書かれた「モスクワで署名された４ヵ国共同宣言」のことです。

ルーズベルト的「戦後世界」を否定したダレス

この歴史認識がどれくらいフェアなものかは別にして、ダレス自身がこのように、国連というのは自分がキリスト教的倫理観にもとづいて創設したものだという自負をもっていたことは、日本の戦後史を考えるうえで大きな意味をもっています。

というのも、スターリンとのあいだに個人的な信頼関係を築きながら、米英ソの三ヵ国主導体制で第2次大戦を戦い、その同じ枠組みのもとでの戦後世界を構想していたルーズベルトに対して、ダレスは最初からソ連との協調は絶対に不可能と考えていた。その世界観の対立は、そのまま日本の安全保障をめぐるマッカーサーとダレスの対立でもあったからです。

ダレスの人物像について話しはじめると、それだけで一冊の本になってしまうのですが、かんたんにいうと、かれには「ウォール街を代表する弁護士（＝アメリカ資本の代理人）」と、「敬虔《けいけん》な宗教者（＝キリスト教的道徳主義者）」というふたつの顔がありました。

そしてどちらの顔のダレスにとっても、「資本主義の否定者（＝共産主義者）」であり、「宗教の否定者（＝無神論者）」であるソ連との協調路線は、最初から絶対に不可能と考えられていたのです。

「国際連合の弱点は、国連憲章のなかに拒否権を認めたことにあるのではない。（略）**国際連合の最大の弱点は、あらゆる重大な問題について、道徳的判断についての一致した世論が存在しない点にある**のだ」

「世界の平和は世界の法則にもとづき、世界の法則は善悪に関する世界の世論にもとづく。善悪についての意見が大きくちがえば、つねに戦争の危険がある。（略）

あらゆる大宗教は、道徳や善悪の価値判断について、数多くの共通点をもっている。しかし**問題は、現在、世界の多くを支配している共産主義国の指導者たちが、道徳の存在を認めない無神論にもとづき行動していることである**」

「多くの人びとが、サンフランシスコで生まれた国連憲章が『世界政府』をつくった

と考えたことから、無数の失望や幻滅が生じた。国連はもともとそうした機能をもたないので、かれらは国連がうまく動いていないと感じるのだ」

国連軍構想の否定

とくにダレスが非現実的だと考えていたのは、マッカーサーがその実現を夢見ていた国連軍構想でした。

「大国による軍事政策の協調などは、まずあてにはならない」

「〔国連軍構想は〕大国の政治的合意を前提としているが、そうした合意はこれまでほとんどおこなわれたことがない。そもそも大国の合意があれば、それだけですでに平和が保障されているはずではないか」

つまり大国というのは、つねにみずからの国益だけにしたがって行動するものだから、大国どうしがいつも協調して行動することを前提としたり、大国の主権を制限するようなかたちでの安全保障構想は、まったく非現実的だとかれは考えていたのです。

そうした世界観をもつダレスにとって、1944年10月に発表された国連憲章の原案（「ダンバートン・オークス提案」）は、あまりに理想主義的で、「ソ連をふくむ四大国の合意にあまりにも頼りすぎている」ため、どうしても修正しなければならないものでした。

　そこで、

「われわれキリスト教会の団体は、１９４５年に予定されていたサンフランシスコ会議[*18]でダンバートン・オークス提案を修正するために、ふたたび活動を開始した」

なぜなら、

「たとえ四大国が将来たがいに争っても、国連が存続できるように、ダンバートン・オークス提案を根本的に修正しなければならない」

とダレスは考えていたからだったのです。

＊18　国連憲章の条文を確定するため、１９４５年４月25日から６月26日にかけて開かれた国際会議。正式名称は「国際機構に関する連合国会議」。

例外規定の設定

そうした強い信念にもとづきダレスは、国連憲章の条文を決定したサンフランシスコ会議において、アメリカ代表団の首席顧問として、数多くの重要な決定や修正にかかわっています。

さきほど、日本の独立後の米軍駐留について、ダレスがマッカーサーに、

「１０６条の例外規定をつかえばよいのです」

と助言したことをお話ししましたが、同じく国連憲章のなかで条文内に、

「ただし、○○するまでは○○とする」

という暫定《トランジショナル》的な例外規定が入っている条項は、つぎの5つがあります。

○　第51条（自衛権／集団的自衛権）
○　第53条（地域的取り決め／強制措置／敵国条項）
○　第80条（＋77条・82条・83条）（信託統治制度／戦略地区／敵国条項）
○　第１０６条（安全保障の過渡的規定／五大国の任務）

○　第１０７条（安全保障の過渡的規定／戦後処理／敵国条項）

このなかで、ダレスが直接の執筆者であることが資料的に完全に裏づけられているのは、まだ51条だけですが[19]、ほかの４つも、いずれもソ連との協調路線は絶対に不可能というダレス的な世界観にもとづき修正がおこなわれた条文です。

その修正のパターンは、いずれも「国連が正しく機能するまでのあいだ」にかぎっての例外規定というかたちで、本来の条項の趣旨を弱める、または無効化してしまう条文を挿入するところにありました。

その代表的なものがすでに１０６条のところでご説明した、

「国連安保理が正しく機能するまでのあいだ」

という例外規定です。これは51条と53条のなかでもつかわれています。

＊19　肥田《ひだ》進《すすむ》「国連憲章第51条の成立過程から見た集団的自衛権の意味と同条約成立過程へのダレスの関わり（二完）」『名城法学』第63巻第四号（２０１４年）

51条のトリックと、そのタネあかし

たとえば、２０１５年、日本でも大きな議論となった「集団的自衛権」についてさだめた51条[*20]をみてみましょう。

この条文は、個別国家が独自に戦争をすることを違法とした国連憲章のなかで、その例外規定としてさだめられたものです。

もし、国連加盟国に対して武力攻撃が発生した場合は、

「安保理が必要な措置をとるまでのあいだ」にかぎって、

「加盟国は集団的自衛権を行使することができる」

つまり、そのあいだは国連加盟国が、

「独自の軍事同盟にもとづき、国連の許可なく戦争する」

ことを可能にした条文なのです。

これは、いちおう限定された時間のあいだ（「安保理が必要な措置をとるまでのあいだ」）という建て前はとっていますが、国連憲章の安全保障に関する理念をすべてひっくり返すような力をもった例外規定だといえるでしょう。

こうした意図的な例外規定は、すべて一種の「法的トリック」とよぶべきだと私は思っているのですが、そのトリックのタネあかしは、ダレス自身がおこなっています。かれは国連憲章の条文が確定した直後、アメリカ議会で51条（集団的自衛権）の内容について、つぎのように説明しているのです。

「国連安保理は、常任理事国として拒否権をもつアメリカの同意がなければ、なにも行動できないのですから、**軍事行動を安保理を通じておこなうか、**それとも安保理の決議に反対票を投じたのち、**独自の軍事同盟にもとづいておこなうかの決定は、アメリカが国益に応じて自由に選択することができるのです**」（１９４５年７月13日）

＊20　国連憲章　第51条

「この憲章のいかなる規定も、国際連合加盟国に対して武力攻撃が発生した場合には、**安全保障理事会が国際平和と安全の維持に必要な措置をとるまでのあいだ、**個別的または集団的自衛の固有の権利を害するものではない。この自衛権の行使にあたって加盟国がとった措置は、ただちに安全保障理事会に報告しなければならない。また、この措置は、安全保障理事会が国際平和と安全の維持または回復のために必要と認める行動をいつでもとるこの憲章にもとづく権能および責任に対しては、いかなる影響もおよぼすものではない」

51条をつかった軍事同盟の拡大

つまりそのような、

「ただし国連安保理が本来あるべき行動をおこなうまでのあいだは○○とする」

という例外条項を、たった一行入れてしまえば、安保理の決議について拒否権をもつ五大国（とくにアメリカとソ連）にとって、本来の条文はほとんど効力をもたなくなるということです。

　そして対日平和条約を成立させたあと、ダレスはこの51条をつかって反共主義の軍事同盟を世界中にはりめぐらしていきました。

　かれは１９５７年に出した自著の序文のなかで、

「１９５０年の初めには、〔西側世界の集団安全保障条約は〕まだ中南米の米州機構と西ヨーロッパのＮＡＴＯがあるだけだった。しかし現在では、アメリカは国連憲章51条によって、42ヵ国と集団安全保障条約をむすんでいる」（"War or Peace"）

と胸をはっています。

こうして「個別国家の戦争は違法」とした国連憲章の理念は、ダレスによる例外条項（51条）の意図的な拡大によって、しだいに力を弱められていったのです。

2　朝鮮戦争の勃発 ――「基地権問題」の決着と「指揮権問題」の浮上

ダレスが「6・30メモ」で書いているマッカーサーへのアドバイス（国連憲章43条と106条のトリック）によって、日本の独立モデルに関する「基地権問題」は、完全に決着することになりました。このアイデアによって、マッカーサー、国務省、国防省、日本政府という関係者全員が、平和条約がむすばれたあとも米軍が日本の本土に駐留をつづけるというプランで合意できるようになったからです。

しかも現実の世界では、ほぼ同時に朝鮮戦争が起こったため、米軍が日本から撤退する可能性は事実上、消滅してしまいました。その結果、すでにふれたように、9月8日にトルーマン大統領が承認した対日平和条約の基本方針には、「日本中のどこにでも、必要な期間、必要なだけの軍隊をおく権利を獲得する」という項目が書きこまれることになったのです。

こうした歴史的な流れをたどってみると、非常に残念なことではありますが、その後の平和条約と旧安保条約をめぐる日米交渉で、もし日本が早期の独立をめざす方針をとるとすれば、米軍基地を受け入れる以外の選択肢はもともと存在しなかったということがわかります。交渉における現実の課題は、それをどのようなロジックと「見かけ《アピアランス》」のもとで受け入れるか、ということでしかなかったのです。

吉田首相はそのことを、

「日本が自尊心《アムール・プロプル》を傷つけられずに承諾できるような条約をつくってもらいたい」

という言葉で表現していました。

「指揮権」問題の浮上

しかし朝鮮戦争の始まりは「基地権」の問題を事実上決着させる一方で、もうひとつの問題を急速に浮上させることになります。「指揮権」（米軍が日本軍を指揮する権利）の問題です。

というのも、この「6・30メモ」のロジックによって、その後、占領軍（=在日米軍）の性格が根本的に変化してしまうことになったからです。

もともと占領軍の本来の位置づけは、ポツダム宣言（日本の降伏条項）にもとづいて日本を占領し、徹底的にその軍事力を破壊したうえで、二度とアメリカや世界に危害をくわえない民主的な国につくりかえる。その目的が達成されたときは、平和条約をむすんで、ただちに撤退するというものでした。

　ところがこの「6・30メモ」のロジックによって、**日本は占領終結後も「国連のようなアメリカ」とのあいだに、「国連憲章・特別協定のような安保条約」をむすんで、「国連軍基地のような米軍基地」を米軍に提供することになってしまいました。**

　そして当然のようにつぎのステップとしてもとめられたのが、「国連軍のような在日米軍」の戦争に協力することだったのです。

「朝鮮国連軍」の編成と、日本の戦争協力

　ここで「米軍の指揮権」（もしくは「米軍への戦争協力」）という観点から歴史をふり返ってみると、重大な意味をもつ朝鮮戦争中の出来事は、つぎのふたつでした。

①　非正規なかたちでの国連軍（＝憲章43条にもとづかない「朝鮮国連軍」）が組織され、そこでアメリカに「統一指揮権《ユニファイド・コマンド》」と「国連旗の使用」が認められたこと。

② 朝鮮半島へ出兵した米軍の代わりに、日本国内の米軍基地へ配備するため、事実上の軍隊である7万5000人の警察予備隊が創設されたこと。さらには海上保安庁の掃海艇部隊が実質的に参戦して、戦死者まで出してしまったこと。

6月25日に朝鮮戦争が始まったあと、事態はつぎのように展開しました。ソ連が欠席中だった[*21]国連安保理は、立てつづけに「北朝鮮の侵略行為」を非難する3つの安保理決議を可決します（6月25日、6月27日、7月7日）。

そのなかでとくに重要だったのは、7月7日の決議（国連安保理決議・第84号）でした。それはアメリカに対して「国連軍」の統一指揮権をみとめ、そのもとでの司令官の任命と国連旗の使用を認める、歴史上、唯一の安保理決議となったからです。

＊21　北朝鮮の金日成《キム・イルソン》主席は、事前にソ連の了解をとったうえで韓国に攻めこんだことがわかっていますから、このソ連の欠席は、もちろん意図的なものでした。開戦から2ヵ月後の1950年8月27日、スターリンはチェコのクレメント・ゴットワルト大統領への極秘電報のなかで、ソ連が安保理を欠席したのは国連軍の派遣決議を成立させ、アメリカを朝鮮半島や中国での戦争に引きずりこんで、ヨーロッパにおける社会主義勢力の活動を有利に展開するためだったとのべています。

（「中央日報」２００８年６月25日）

統一指揮権をもった「国連軍のような米軍」の誕生

この「国連軍」の統一指揮権をアメリカに認めるにあたっては、実は国連と米軍のあいだで激しい対立があったことがわかっています。

当時のトリグブ・リー国連事務総長は、朝鮮で「国連軍」が軍事行動をおこなうにあたり、その行動を監督するための国連特別委員会（「朝鮮援助調整委員会」）を設置することを求めました。それが「国連軍」である以上、当然の提案といえます。

ところがアメリカの国務省から連絡を受けた米軍部は、指揮系統のなかにそうした委員会が入ってしまうと軍の運用が不可能になると、強く反発します。

その結果、この問題は最終的に、「アメリカが国連の執行機関として国連軍を指揮する」

トリグブ・リー（1896-1968）。ノルウェー出身の初代国連事務総長

というかたちで決着することになりました。つまり軍の指揮について国連がまったく関与しない、完全なフリー・ハンドが米軍にあたえられることになったのです。

（コリンズ陸軍参謀長の証言／『史実で語る朝鮮戦争協力の全容』山崎《やまざき》静《しず》雄《お》／本の泉社）

　こうしてわずか半月前に、ダレスが国連憲章１０６条をつかって正当化しようと考えていた「国連軍のような米軍」が、こんどは「国連安保理が承認した統一指揮権と国連旗」を手に入れて、よりスケールアップしたかたちで実現することになったのです。

国連安保理決議「第84号」

　ここはほんとうに大事なポイントなので、こまかな条文の話になって恐縮ですが、左のコラム「国連安保理決議・第84号」をぜひ全文読んでみてください。

　この安保理決議こそが、戦後日本にとって非常に重大な意味をもつ「国連軍のような米軍」を、世界規模で誕生させた法的根拠となっているのです。

　まずこの決議の冒頭では、国連安保理が「大韓民国に対する北朝鮮からの武力攻撃は、平和への侵害である」と「決定」しています。これは１７０ページの図をみればわかるとおり、国連軍が軍事行動をとるための第一段階（39条）です。

コラム5　国連安保理決議・第84号（1950年7月7日）

安全保障理事会は、

大韓民国に対する北朝鮮からの武力攻撃は平和への侵害であると**決定**し、

国際連合加盟国が武力攻撃を撃退し、その地域における国際平和と安全を回復するために、大韓民国に必要な支援をあたえることを**勧告**し、

1．（略）

2．（略）

3．前記の安保理決議（82号と83号）にしたがって兵力その他の援助を提供するすべての加盟国が、それらをアメリカ合衆国にゆだねられた**統一指揮権**（a unified command）[*22]のもとに利用させることを**勧告**する。

4．アメリカ合衆国に対し、それらの軍隊の司令官を任命することを要請する。

5．北朝鮮に対する軍事行動において、**統一司令部**（the unified command）が自

身の判断によって国際連合旗を、参加国の旗とならべて使用することを容認する。
6.（略）
＊22 “a unified command”（統一指揮権）と“the unified command”（統一司令部）のちがいについては、３０６ページを参照。

ほんとうはこのあと、「暫定措置（40条）」「勧告（39条）」「非軍事的措置（41条）」という3段階の対処をして、それでもまだ状況が改善されなければ、国連軍をつかって「軍事行動をとる（42条）」ことを「決定（39条）」する。これが本来の国連軍構想です。

しかし、その国連軍としての軍事行動ができない。これまで何度もお話ししてきたとおり、各国が兵力を提供するための「特別協定（43条）」がどこにも存在しないからです。

そのためこの安保理決議（84号）では、直前のふたつの安保理決議（82号と83号）にしたがって軍隊を編成するとしながらも、それを正規の国連軍の手続きである、加盟国への強制力をもった「決定」ではなく、強制力をもたない「勧告」のかたちでおこなうことしかできなかったのです。[*23]

その結果、このとき編成された「国連軍」については、米軍と韓国軍以外は、すでにアメリカと同盟関係にあった国々などが、ごく少数の兵力を派遣するだけにとどまりました。そのため、これは法的に「非正規の国連軍」であるとして、「朝鮮国連軍（または朝鮮派遣国連軍）」という名でよぶことが多くなっています。

さらにもっとも問題だったのは、すでにのべたとおり、この朝鮮国連軍においては国連の関与がいっさい排除されたかたちで、米軍の統一指揮権が確立されたということです。こうして現在までつづく、「国連の勧告にもとづいて編成された、米軍が事実上の統一指揮権をもつ連合軍」、いわゆる「多国籍軍」の歴史がスタートすることになったのです。

＊23　国連憲章第39条では、安保理は国際平和と安全を回復するために「勧告」（recommend）するか、または41条（非軍事的措置）と42条（軍事的措置）にもとづく措置をとることを「決定」（determine）するとされており、このふたつは明確に区別されています。正規の国連軍構想の場合は、加盟国への強制力をもつ後者の「決定」によって、軍事行動をとることになっています。

安保理決議ではなく、総会決議による軍事行動

さらにこの「朝鮮国連軍」という、「米軍が統一指揮権をもつ、国連軍のような多国籍軍」の編成に成功したアメリカは、ソ連が安保理に出席するようになったあとも、同じことをやりつづけたいと考えます。その目的のために１９５０年11月３日、国連総会に提出されたのが、「平和のための結集決議」（国連総会決議第３７７号）でした。

アチソン国務長官のプランをもとに、ダレスが提案したこの決議は、国連安保理の「勧告」ではなく、国連総会の「勧告」によって、アメリカが軍事行動[*24]をとることを可能にするものでした。

当時の国連加盟国60ヵ国のなかで、社会主義国は６ヵ国だけでしたから、総会の３分の２以上の賛成で軍事行動を勧告できるとしたこの「平和のための結集決議」は、安保理の常任理事国としてソ連がもっていた軍事上の拒否権を、事実上無意味なものにする役割をはたすことになりました。

一方、アメリカはこの新しい仕組みのもと、朝鮮戦争で手に入れた統一指揮権を、国連総会での決議によって更新しつづけることが可能になったのです。

＊24　正式には「（軍事行動をふくむ）平和と安全のための措置」。

「再軍備」を命じたマッカーサー

その「朝鮮国連軍」の指揮をまかされることになったのが、やはりマッカーサー（当時、「連合国軍最高司令官」兼「極東米軍総司令官」）でした。

7月8日、トルーマン大統領が前日の安保理決議（84号）を受けて、マッカーサーを「朝鮮国連軍」の司令官に任命したのです[＊25]。

これはマッカーサーにとって、もちろん大きな出来事だったでしょう。考えると皮肉なことですが、かれがめざした「正規の国連軍」と「日本の非武装中立」を完全に否定するダレス的世界観のもとで、「非正規の国連軍」が誕生し、自分がその指揮をまかされることになったのです。開戦の混乱のなかで、マッカーサー自身がその矛盾をどれくらい正確に認識していたか、たしかなことはわかりません。ただ、ひとつはっきりしているのは、このときマッカーサーが自分のそれまでの占領政策を完全にくつがえす、非常に重大な決定を迷わず下したということです。司令官に任命された同じ7月8日、かれは吉田首相への手紙によって、7万5000人の警察予備隊の創設と、8000人の海上保安庁の増員を指示したのです。それは、ほとんどすべてが朝鮮半島へ出動してしまった在日米軍のあとをうめ、米軍基地に必要な人員を配備するためにおこなわれた措置でした。

　日本政府としては、まだポツダム宣言にもとづいて占領されている最中ですから、イエスもノーもありません。**そのためマッカーサーの手紙ひとつで、事実上の軍隊の創設〔＝再軍備〕が突然、決定してしまったのです。**

＊25　もっとも米軍の行動としては、トルーマンは開戦日の安保理決議（第82号）にもとづき、すでに6月26日夜、マッカーサーに朝鮮半島への空軍と海軍の出動を命じていました。

日本の戦後史における決定的な分岐点

ここが日本の戦後史にとって、文字どおり、決定的な分岐点だったといえるでしょう。憲法9条2項の破壊という点では、米軍の駐留継続よりも、この「日本軍の創設」のほうが、もちろんはるかに深刻な問題だからです。

けれどもこれまでは、それがただ、

「朝鮮戦争がはじまったから、しかたがなかった」

というだけで、いったいどのような論理にもとづく方針転換だったのか、明確に語られることがありませんでした。そのため憲法の安全保障条項（9条2項）という、国家にとってもっとも論理的整合性の必要な問題が、その後、議論の足場を完全に失い、合理的に議論することがまったくできなくなってしまったのです。

このときはたしてマッカーサーは、4年前に自分がつくった憲法9条2項について、いったいどのように考えていたのでしょう。完全にその内容と矛盾するみずからの方針転換について、はたして心の痛みはあったのでしょうか。

再軍備についても予言し、正当化していた「6・23メモ」

おそらくそうした心の痛みは、ほとんどなかったのだろうと私は思います。

「これから戦争なのだ。そんなことを気にしていられるか」

という気もちも、もちろんあったでしょう。

しかし実はこの再軍備についての方針転換も、例の「6・23メモ」（↓190ページ）のなかですでに予言され、正当化されていたのです。

もう一度、実際のメモをみてみましょう。まえに引用した部分（第2項）とは別のところ（第4項）で、マッカーサーはつぎのようにのべています。

「いかなる日本研究においても、憲法で戦争を放棄した日本が、それでも侵略的な攻撃に対して自衛権をもつことは、絶対不可侵の権利と考えられている。**そのような場合、日本は自国の防衛に関わる保安隊《セキュリティー・フォーシズ》を支援するために、人的にも物質的にも、すべてのもてる力《リソース》を結集することになるだろう**」

お読みになって、なにか気づかれたでしょうか。
前半の、
「日本には憲法9条があるが、それでも自衛権は当然の権利として認められている」
という見解については、すでにマッカーサーはこの年の1月、年頭の言葉のなかで
はっきりとのべていました。
しかしそこではなく、後半の太字部分を読んでください。そこにはどう考えても、
その後の朝鮮戦争における日本の戦争協力や、警察予備隊の創設を予言したような文
章が、すでに書かれているのです。

現在の文面の「6・23メモ」は、いったい、いつ書かれたのか

「どうしてマッカーサーは、朝鮮戦争が始まる2日前に、そこまで先をみとおすこと
ができたんだろう。本人はまったく戦争の可能性はないと思っていたはずなのに」
と、あんまり不思議になって、もう一度ネット上で公開されている「6・23メモ」
をみてみると、そこには脚注としてつぎのように書かれていたのです。

「このメモは、本資料集に収録されていない6月29日のアリソン氏のメモに、4番目の添付資料としてファイルされていたものです」

「えっ？」

と、少し違和感をおぼえました。多くの場合、この『アメリカ外交文書』[*26]に収録された公文書には、脚注として複数の配付先や送信先が書かれているからです。そこで、その1週間前に書かれたマッカーサーの「6・14メモ」をみてみると、その脚注にも、つぎのように書かれていたのです。

「このメモは、本資料集に収録されていない6月29日のアリソン氏のメモに、3番目の添付資料としてファイルされていたものです。6月22日〔ダレスとマッカーサーの会談日〕までにダレス氏に対して示されたものです」

つまり、この資料集を編纂しているアメリカ国務省歴史課のスタッフは、

「この2つのマッカーサーのメモが、その日付どおり書かれたものであると証言しているのは、アリソン氏とダレス氏だけです」

ということをわざわざ教えてくれているのです。

＊26　『アメリカ外交文書（Foreign Relations of the United States）』は、1861年にその刊行がはじまった、アメリカ国務省の編纂する、世界的に定評のある歴史資料集です。

おそらく朝鮮戦争の開戦後におこなわれたマッカーサーの「大方針転換」

それで合点《がてん》がいきました。アリソンというのは、ダレスの東京訪問に同行していた国務省の北東アジア局長（当時）で、その後も平和条約交渉のあいだ、ずっとダレスの右腕として活躍しつづけた人物です（→118ページ）。ですからふたりが口裏をあわせれば、このふたつの「マッカーサー・メモ」の日付や内容などは、かんたんに操作できてしまうのです。

そう思ってもう一度、ダレスの「6・30メモ」[＊27]のほうもよく読んでみると、最初に読んだときは見落としていたのですが、200ページで引用した最後の部分には、「マッカーサー元帥はこのとき〔6月22日〕**と次の会談のとき**、この案に全面的に賛成され、これなら日本人も受け入れやすいだろうと語った」

と書かれていました。そこでさらに調べてみると、ふたりは6月26日に東京で「6・23メモ」を検討する2度めの会談をもっていたことがわかりました。

「6月26日の2度めの会談で、ふたりはマッカーサーの『6・23メモ』を検討した。マッカーサーがそれまでの立場を変更したことで、ダレスは基地権をめぐる国防省との交渉が非常にやりやすくなった。さらにダレスは、日本が国連に加盟するまでは、連合国代表としてのアメリカが、日本とのあいだに協定をむすんで軍事施設（＝米軍基地）をおきつづけるというアイデアについても、マッカーサーの同意を得た[*28]」

(Richard B. Finn "Winners in Peace" University of California Press, 1992 より矢部訳)

これでようやく謎が解けました。つまり、これまで朝鮮戦争の開戦2日前（6月23日）におこったと考えられてきたマッカーサーの「大方針転換」（「6・23メモ」の内容＋「6・30メモ」の内容）は、実は朝鮮戦争の開戦翌日の6月26日に、ダレスとの相談のうえでおこなわれた可能性が非常に高いということです。

＊27　この「6・30メモ」については脚注に、国務長官をふくむ8人の国務省関係者に配付されたと書かれているので、6月30日に書かれたものであることはまちがいありません。

＊28　証言者であるリチャード・フィンは、のちの国務省日本部長、アメリカン大学名誉教授で、翌年6月の第3次日米交渉からは、アメリカ側の主力スタッフとして活躍した人物です。
ダレスの行動の「日付」の問題については、とくに来日の日時などに関して、さまざまな虚偽があることが近年わかってきています。

「6・23メモ」をつかって軍部を説得したダレス

では、いったいなぜそんな小細工をしたのか。それは朝鮮戦争がはじまったあと、マッカーサーがいきなり百八十度の方針転換をしてしまったら、それまで、

「沖縄に強力な空軍をおいておけば、アジア沿岸の敵軍は確実に破壊できる」

「だから日本国内に軍事力は必要ない」（＝自分の書いた憲法9条2項はまちがってない）

といいつづけていた自分の過去の見解を、完全なまちがいだったと認めなければならなくなる。

そしてその点については無数の証言があるのですが、マッカーサーは自分の過去の

まちがいを認めることだけは、絶対にできない性格の人物だったのです。

　そこでダレスが朝鮮戦争の開戦翌日の26日に、マッカーサーとの合意のうえで「6・23メモ」をつくり（または元のメモを大幅に書き直し）、「43条と１０６条のトリック」にもとづいて日本の安全保障政策の大転換を論理的に正当化した。さらにその「6・23メモ」に書かれた「全土基地方式」と「日本の戦争協力」をマッカーサーの意向として軍部に示し、確約をあたえることで、対日平和条約に絶対反対の立場をとりつづけていた米軍のトップたちを説得していったということだと思います。

　その後、ダレスが7月から8月にかけて「6・23メモ」を武器に説得をつづけた結果[*29]、8月22日には軍部（統合参謀本部）も方針を転換し、すでにふれたアリソンとマグルーダーの調整作業をへて、9月8日、対日平和条約の基本方針がトルーマン大統領によって承認されることになります。

　こうしてダレスは突如おこった朝鮮戦争という大きなマイナスを、暗礁にのりあげていた対日平和条約を動かすプラスの原動力としてつかうことに、見事成功したわけです。

＊29　ダレスは7月25日には「国際平和と安全」と題した4ヵ条の安全保障条項案も作成していま

す。

アジアの冷戦構造を構築する原動力となった大きな負のエネルギー

私はダレスの政治的主張には反発をおぼえることが多いのですが、このあたりの手腕はほんとうにみごとだと思います。おそらく仕事ができる人間というのは、このように突然起こった大きなマイナスを、即座にプラスに転換できる人物のことをいうのでしょう。

しかし残念なことに、**このときダレスを突き動かす原動力となっていたのは、まるでその直前に38度線をおとずれた自分を標的にするかのようにしてはじまった朝鮮戦争に対する強い恐怖と怒り、つまり大きな負のエネルギーだったのです。**

国連の安保理決議によって朝鮮国連軍が誕生する前日（7月6日）、かれはこう書いています。

「**北朝鮮の攻撃の目的のひとつは、対日平和条約の計画を破壊することにあったと思われる。**（略）われわれは必ず計画を成功させ、共産主義者に対し、日本での目的達

成をゆるさないという断固とした意志を示さなければならない」（１９５０年７月６日／ダレス文書）

その後、日本、フィリピン、オーストラリア、ニュージーランド、韓国、台湾、タイ、パキスタンなどとのあいだで、ダレスがつぎつぎと構築していった東アジアの冷戦構造を思うとき、38度線をこえて南下した金日成の軽率な行動が、いかにその後の世界に悪影響をあたえたか、考えるだけでため息が出るような思いがします。

「再軍備」の証言者

こうした歴史の偶然によって、日本は自分がまったく知らないうちに、アジアの冷戦構造の最前線に立たされてしまうことになりました。

そのため、１９５０年の７月８日に突然おこった「警察予備隊の創設」という大問題についても、これまでニュートラルな議論、つまり政治的立場をはなれたかたちでの議論は、ほとんどおこなわれてこなかったように思えます。なにより「これは警察力の延長なのだ」という粉飾が政府によってなされていたため、どのような立場の人間にとっても、あえてふれずにすませることが可能な問題でもあったわけです。

しかし今回、この本を書くにあたってさまざまな資料を読んでいたところ、まったく意外なところに、われわれ日本人にとって非常に貴重な、この問題についての本質的考察をおこなってくれている人物を発見したのです。

それは、だれか。

それは、この警察予備隊の創設責任者となった、占領軍（ＧＨＱ）民事局の副官フランク・コワルスキー大佐でした。

かれは「軍事顧問団」[*30]のトップとして、この「日本の再軍備」という任務を熱意をもって実行すると同時に、その命令をくだしたマッカーサーの大方針転換を非常にきびしい目で見つめていたのです。

名前からわかるとおり、かれはポーランド移民の両親をもつ、陸軍士官学校《ウェスト・ポイント》の出身者で、同時にＭＩＴ（マサチューセッツ工科大学）の機械工学科の修士号ももつという、当時47歳のエリート軍人でした。

フランク・コワルスキー（1903-1975）。元・米国日本占領軍軍事顧問団本部幕僚長、退任後は下院議員になった

おそらくそれほど裕福ではない家庭のなかから、軍人の道に未来を見いだした非常に優秀な人物だったのでしょう。55歳で陸軍を退役したあとは、下院議員を２期つと

め、ケネディ政権では行政判事もつとめています。そのコワルスキー氏が引退後、個人としての良心にしたがい「日本の再軍備」についてくわしく証言したのが、名著との呼び声が高い『日本再軍備』（勝山《かつやま》金次郎《きんじろう》訳、１９６９年、サイマル出版会、現在は中公文庫）だったのです。

＊30　実戦部隊としてではなく、相手国の軍隊の編成や訓練、育成、指導、援助などをおこなうために派遣される部隊。

「米軍基地をまもる」ためにつくられた警察予備隊

私もこの本の存在はまえから知っていたのですが、米軍の「軍事顧問団幕僚長」という著者の肩書を聞いただけで、読む気がまったくおこりませんでした。事実上の日本軍をつくった米軍の内幕を、ただ自慢げに語っただけの本にちがいないと誤解していたからです。

しかし、その内容は驚くべきものでした。

まずかれは、警察予備隊の創設という「日本の再軍備」の実態が、いったいどのようなものだったのか、なんのごまかしもなく内幕を語ってくれています（以下、原著“An Inoffensive Rearmament” Naval Institute Press からの矢部訳）。

「日本の警察予備隊が創設された当初、そのほんとうの目的を知っていたのは、ごく少数のアメリカ人と日本政府の最高指導者たちだけだった」

「朝鮮戦争がはじまった直後の大きな混乱のなか、**われわれ軍事顧問団にあたえられた最大の任務は、朝鮮に出撃した米軍部隊がいなくなった基地に、ただちに日本の軍事部隊を配属することだった。**計画では２ヵ月のあいだに７万５０００人の隊員を募集、採用し、配属することになっていた」

「全国レベルでは、**われわれ顧問団が事実上の警察予備隊の本部となった。**そして各基地には、日本人の隊員１０００名について１名、ひとつの基地ごとに最大２名の少佐級の米軍将校を配属することを決めた。（略）**そうした米軍の将校たちは、日本人の新入隊員を基地に収容し、衣食住をあたえ、大隊へ編入し、また新入隊員のなかから部隊長を選びだし、さっそく軍事教練を開始した**」

「こうして新しい隊員が入隊し、基地でトレーニングを受けていた最初の数ヵ月間、警察予備隊のすべての計画と実施は、われわれアメリカ人がおこなったのである。警察予備隊はわれわれの創造した、われわれの作品といっても過言ではなかった。(略) こうした方法と状況のもとに創設された軍隊は、世界の歴史上どこにも存在しないだろう」

「警察予備隊の創設にあたったわれわれ米軍の軍人にとって、自分たちがいまつくりつつあるものが軍隊であることに、疑問の余地はなかった。だが、それをあたかも警察の新しい組織であるかのようにカムフラージュすることが求められたのである」

共同軍事行動のルーツ

こうした創設の経緯だけでなく、その後の日米の共同軍事行動にむけての訓練についても、かれはくわしく語ってくれています。

「われわれが日本の警察予備隊を、米軍にならって組織せざるをえない理由がいくつかあった。(略) なにより重要なのは、両軍が同じように編成・装備されていることで、日米共同作戦をおこなう場合、それが非常に大きなメリットとなる。両軍の指揮、幕僚機構、通信系統、兵站《へいたん》部門をスムーズに統合することができるからである。（略）**結局、警察予備隊はアメリカ陸軍を小型にしたようなものになった**」

「警察予備隊については、アメリカからも連合国からも、また共産圏からもさびしい抗議がなかったので、われわれは気をつけながら、おそるおそるまずカービン銃とM1ライフル銃、そして口径30（8ミリ）の機関銃を警察予備隊に支給した。**それでも国外からも国内からも反対の声があがらなかったので、少し大胆になって口径50（13ミリ）の機関銃、60ミリの迫撃砲、さらには81ミリ迫撃砲、武器修理車、戦闘工兵器材、通信器材なども支給した。**

このようにしてわれわれは、**米軍のあまった武器を警察予備隊に押しつけるようなかたちで、着々と再軍備を進めていった。**一方、吉田首相はそうした事実を否定し、警察予備隊は警察力以外のなにものでもないと、断固として主張しつづけていた」

このような誠実な「歴史の報告者」をもてたことは、われわれ日本人にとってまったく幸運だったと思います。現在の米軍と自衛隊における完全に従属的な関係の根底には、「指揮権」という法的な問題のまえに、こうしたきわめて異常な状況のもとでおこなわれてしまった「日本軍創設」の経緯があることがわかるからです。

コワルスキー氏の提言については本書の最後でもう一度ふれることにしますが、かれはこの本のなかで、

「警察予備隊は、われわれの作品だった」

と胸をはりながら、その一方で「再軍備」をめぐるマッカーサーや吉田首相、さらには日米両政府の「憲法破壊」について、激しく非難しているのです。

「参戦」した海上保安庁

そしてもうひとつ、この戦争の最中にとんでもない「憲法破壊」がおこっていました。

それは海上保安庁による事実上の参戦です。

ここでもう一度、１６４ページの朝鮮戦争の地図（②）をみてください。開戦後、わずか2ヵ月半で米軍（＝朝鮮国連軍）は、釜山を中心としたわずか東西80キロ、南北１６０キロのエリアに追いこまれてしまいました。それでもなんとか持ちこたえていたのは、釜山のすぐ対岸にある日本から、大量の補給がおこなわれていたからです。

たとえ半島の片隅に追いつめられていても、弾薬や兵士の補給さえつづいていれば、逆に補給線ののびきった北朝鮮軍に対し、有利な状況が生まれます。戦争というものが兵站《へいたん》（＝後方支援：戦場の後方にあって、作戦に必要な物資の補給や整備、連絡にあたること）で決まるということ、だからこそ朝鮮戦争やベトナム戦争など、アメリカのアジアにおける戦争に、日本の協力がどうしても必要だったということが、非常によくわかる戦況です。

その後、マッカーサーの有名な仁川上陸作戦（9月15日）によって、戦況は一変します。しかしそのとき、仁川の反対側（東岸）にある朝鮮半島のもっともくびれた部分の元山《ウォンサン》へ、つづいて別の部隊を上陸させ、北朝鮮軍をはさみうちにする作戦が計画されていたことはあまり知られていません。

そしてその元山への上陸作戦に必要だった機雷の除去のため、海上保安庁の掃海艇部隊が派遣され、実際に軍事作戦に参加したことは、さらに知られていないはずです。

「国連軍に協力するのは、日本政府の方針である」

この話は、これまで私もまったく知りませんでした。

当時、海上保安庁の長官（初代）だった大久保《おおくぼ》武雄《たけお》氏の手記によれば、その経緯はつぎのようなものだったそうです（『海鳴りの日々』海洋問題研究会／１９７８年）。

１９５０年10月2日、仁川上陸作戦の成功から半月後、大久保長官はアメリカ海軍参謀副長だったバーク少将から、掃海艇の元山への派遣について依頼を受けます。

実はポツダム宣言にもとづくＧＨＱの命令（「一般命令」第2号）のなかには、日本と朝鮮の水域における機雷は、アメリカ海軍の指示にしたがって日本が掃海（除去）するという項目がありました。しかし、それはあくまで平時の話であって、もちろん戦争中の話ではありません。また、戦争のさなかに敵軍が設置した機雷を掃海することは、当然、完全な参戦を意味することになります。

どうするべきか自分では判断できなかった大久保長官は、同日、吉田首相に面会してバーク少将の依頼を報告します。すると、

「国連軍に協力するのは、日本政府の方針である」

と掃海艇の出動を許可される一方、平和条約交渉が動きだした微妙な時期であることを理由に、その行動は秘密のうちにおこなうということになりました。

その結果、10月4日にアメリカ海軍司令官のジョイ中将から山崎《やまざき》運輸大臣に正式な指令が発せられ、6日には日本特別掃海隊（掃海艇20隻、巡視船4隻、試航船1隻）が朝鮮半島にむけて出動することになったのです（余談ですが、この米軍から日本の行政組織に対して直接、軍事についての指令が出るというかたちは、その後の日米合同委員会を思わせるものがあります）。

「戦死者」も出してしまった掃海作業

そしてきびしい環境のなか、元山上陸作戦のための掃海作業をおこなっていたところ、出動から11日後の10月17日、1隻の掃海艇が機雷にふれ、一瞬で爆発し、沈没。死者1名、負傷者18名の犠牲者を出すことになりました。このとき、船長の判断によって3隻の船が戦場から離脱し、日本へ帰還しています。

しかし大久保長官は代わりの船を補充したうえで作業を継続し、2週間後の10月31日、岡崎官房長官と面会します。そして掃海作業を継続すべきか、中止すべきかにつ

いて、

「政府の最高方針をうけたまわりたい」

と、吉田首相の方針を問いただしたのです。

このとき岡崎官房長官は吉田首相からの伝言として、

「日本政府としては、国連軍に対し全面的に協力し、これによって講和条約（＝平和条約）をわが国に有利に導かねばならない」

という考えをつたえ、掃海を継続するよう求めました。

そのため掃海艇部隊は、それからさらに1ヵ月以上、アメリカ海軍の要請にしたがって掃海作業をつづけ、12月15日に解散しました。[31] 結局2ヵ月以上にわたって、元山のほか、仁川、海州《ヘジュ》、群山《クンサン》、鎮南浦《チンナムポ》などの朝鮮水域で、300キロメートルにわたる水路と、600平方キロメートルの停泊水域を掃海して、27個の機雷を除去したのです。

PART1の最後でみたマグルーダー原案（10月27日作成）のなかに、「**沿岸警備隊をふくむすべての日本の軍隊**」という表現が何度も出てくるのは、この時期、海上保安庁の掃海艇部隊が実質的に朝鮮戦争に参戦していたからだったのです。

＊31　作業の終了は、12月初旬の中国軍（人民志願軍）の猛反撃によって、朝鮮国連軍が退却を始めたことによるものでした。

ふたつの憲法破壊――「軍隊の創設」と「事実上の参戦」

こうして１９５０年の７月から12月にかけて、日本は「軍隊の創設」と「参戦」という、ふたつの重大な憲法違反を犯してしまうことになりました。

もちろん占領中におこったことですから、日本政府が抵抗しても拒否することはできなかったでしょう。しかし最大の問題は、掃海艇の派遣についての吉田の言葉にあるように、日本政府はその事実を完全に国民に隠したうえで、むしろ積極的に戦争支援をおこない、平和条約を自国に有利なものにしようと考えていたというところです。

またそうした積極的な戦争支援の結果、朝鮮特需とよばれる米軍から日本企業への莫大な金額の発注が生まれ、敗戦で大きく傷ついていた日本の経済が完全に息をふきかえしたことも事実でした。

そして吉田のもくろみどおり、翌年むすばれた平和条約は非常に寛大なものとなり、経済面でも日本はその後の大きな発展への糸口をつかむことになります。

しかしその一方で、このときおこなわれた「憲法破壊」の影響は、あまりにも大きなものとなってしまいました。

結局、歴史をふりかえってみると、こうした占領中の朝鮮戦争への協力過程で生まれた米軍への完全な従属関係が、その後の２度の安保条約によって法的に固定され、現在まで受けつがれることになったからです。

このあとＰＡＲＴ３では、のこった左の３つの節目をたどりながら、おもにその法的な構造について、お話ししてみたいと思います。

③　第１次交渉の合意まで（～１９５１年２月９日）
④　マッカーサーの解任（１９５１年４月11日）
⑤　新安保条約の調印（１９６０年１月19日）

砂川裁判・最高裁大法廷の判決当日の風景。
上段中央にいるのが、田中耕太郎最高裁長官（1959年12月16日）。
（写真提供：共同通信社）

PART 3

最後の秘密・日本はなぜ、戦争を止められないのか

継続した「占領下の戦時体制」

3　第1次交渉の合意まで（～1951年2月9日）

ダレスが「6・30メモ」を書いてから、翌年の第1次交渉（1951年1月26日～2月9日）まで、事態はほぼ、そのシナリオどおりに進んでいきました。つまり日本は「国連のようなアメリカ」とのあいだに、「国連憲章・特別協定のような二ヵ国協定」をむすんで、「国連軍基地のような在日米軍基地」を提供するという、あのシナリオです。

もちろん軍部の説得は簡単にはいきませんでしたが、ダレスがマッカーサーの「6・23メモ」を武器に説得をつづけた結果、1950年の8月下旬にはアリソン（国務省北東アジア局長）とマグルーダー（陸軍少将）のあいだで国務省・国防省間の最終調整が始まり、9月8日にはついにトルーマン大統領が、対日平和条約にむけての10項目の基本方針を承認しました。（「国家安全保障会議文書60・1」）

その安全保障についての項目（第2項）には、マッカーサーの「6・23メモ」にあ

った、

「日本中のどこにでも、必要な期間、必要なだけの軍隊をおく権利を獲得する」

という基本方針にくわえて、ダレスの「6・30メモ」にあった、

「軍事上の具体的な問題については、平和条約とは別の二ヵ国協定で決定する」

という方針も明記されていました。さらにここで注目していただきたいのは、

「その二ヵ国協定の条文については、国務省と国防省が共同で作成する」

という方針が、そのなかで同時に決定されていたという事実です。

軍部自身がつくった旧安保条約

協定の条文というのはもちろん、本来、国務省（外務省）がつくるものですから、そこにあえて「国防省と共同で作成する」という条件が入っているのは、その「二ヵ国協定」（のちの旧安保条約）については、軍部が完全な拒否権（＝決定権）をもったことを意味しています。

事実、このあと旧安保条約のアメリカ側原案（マグルーダー原案）は、軍部を代表するマグルーダー陸軍少将が決定権をもつかたちで、国務省からの意見を取捨選択し

ながら作成していますし、翌年の日米交渉でもアメリカ大使館のフィン書記官が、

「この協定（旧安保条約）については平和条約とちがい、国務省はすべて国防省のいうことをきかなければならないのです」

という苦しい実情をのべていました[*1]。

つまり**ダレスは、平和条約から切りはなされた旧安保条約の条文については、「軍部自身に書かせる」ことを決めたわけです。**おそらくそれは軍部を説得するうえで、どうしても必要な条件だったのでしょう。

なにしろ、そのころ日本のすぐとなりにある朝鮮半島では、米軍（朝鮮国連軍）がまさかの連戦連敗を重ねていて、あやうく全軍が日本海へ追い落とされそうな瀬戸際にありました（↓１６４ページ・地図②）。そうした状況のなか、「日本からの軍事支援」のメリットを強調して、ようやく軍部を説得したダレスとしては、それは当然の選択だったのかもしれません。

しかしその結果として生まれた、

「日本との軍事上の取り決めについては、国務省ではなく、軍部が決定権をもつ」

という異常な体制が、その後2度の安保条約をへて現在まで生きつづけ、いまもなお、多くの日本人を苦しめる原因となっているのです。

＊1　藤崎条約課長に対する1951年7月27日の発言（『調書VI』）。

日本側の旧安保条約の条文

では、独立後も米軍は駐留をつづけるというアメリカ政府の基本方針[＊2]に対し、そのころ日本人はどのようなイメージをもっていたのでしょうか。

左は、平和条約締結（＝日本の独立）についての日米交渉が始まる4ヵ月前（1950年10月11日）に、外務省がつくった最初の旧安保条約の条文[＊3]です。

第1条　アメリカは国連のために、軍備をもたない日本の安全を確保する責任をもつ。

第2条　国連が、日本に対する侵略行為が存在すると決定したときは、アメリカはその侵略を排除するために、ただちにいっさいの措置をとる。日本は憲法の許すいっさいの援助と協力をおこなう。

上記の規定は、国連憲章51条の適用をさまたげない。

第3条　前条の目的のために米軍が日本国内に常駐することに、両国は同意する。

（略）

第6条　日本国に駐屯する米軍のための経費は、アメリカの負担とする。（略）

「そうそう、これだよ。これでいいじゃないか」

という声が、どこからか聞こえてきそうな条文です。

ひょっとすると、いまでもまだかなりの日本人が、在日米軍についてこのような理想的なイメージをもっているのかもしれません。これこそまさに「米軍＝国連軍」という前提にもとづく、きわめて理想主義的なマッカーサー型の国連軍構想です。

＊2　1950年9月8日の基本方針の承認から6日後（14日）、トルーマン大統領が対日平和条約についての検討を開始することを正式に発表し、その翌日（15日）にはアメリカ政府筋の情報として、対日平和条約の基本方針が「ニューヨーク・タイムズ」によって報道されていました。

＊3　『調書Ⅵ』より。一部、要約しています。

アメリカの「防衛義務」

けれども、少し冷静になってこの条文を読みなおしてみると、これではアメリカが自国の税金をつかって、ただ一方的に日本を防衛するだけの関係になってしまいます。

日本では圧倒的な少数派である、米軍撤退派の私からみても、

「どうしてこんな都合のいい条文がとおると考えていたんだろう」

と思ってしまうような内容です。

その理由は、ひとつは直前におこった朝鮮戦争が、日本の立場を有利にしつつあるという情勢判断にあったわけですが、最大の理由はやはり日本国憲法にありました。

この外務省が書いた旧安保条約案の前文には、つぎのような箇所があったのです。

「**日本国憲法は、日本国民が平和愛好諸国の公正と信義に信頼して、**その安全と生存とを保持しようとするものであることをあきらかにし、また、正義と秩序とを基調とする国際平和を誠実に希求するため、**戦争を放棄し軍備を保持しないことを定めた。**

アメリカは、このような国が安全に生存できるような世界をもたらすことが、国連の

究極の目標であることを確信し、またこのような国に対する侵略は、国連憲章の原則にしたがって迅速かつ有効に阻止されなければならないと確信する」

やはり、きわめて理想主義的なマッカーサー・モデルだったわけです。

「私たちは、あなた方が草案を書いた平和憲法を受け入れ、それを心から大切にしてきました。ですから、軍備をもたない私たちの安全を国連憲章にもとづき保障するのは、あなた方の義務ですよね」

といった基本姿勢（＝本音）が感じられます。

しかし残念ながら、この3ヵ月前、マッカーサーとダレスが「6・30メモ」に合意した段階で、こうした理想主義的なマッカーサー・モデルの前提は、すでに失われていたのです。

さらにいえば、そもそもＧＨＱによる憲法草案の執筆は、マッカーサーが完全な独断でおこなったもので、アメリカ国務省はまったく関与していませんでした。ですからダレスにとって、日本国憲法を前面に押し出すかたちでの「アメリカの防衛義務」の要求は、まったく考慮の対象にならないものだったのです。

事実、旧安保条約についてのダレスの基本方針は、

「アメリカがいかなる義務も負わずに、日本に米軍が駐留する権利を獲得すること[*4]」

だったことがわかっています。

＊４　１９５１年4月17日、着任直後の第２代連合国軍最高司令官リッジウェイへの発言。

むきだしの米日軍事同盟

こうしてＰＡＲＴ２以来たどってきた、

「米軍＝国連軍」⇩「米軍≠国連軍」

というプロセスは、１９５０年の10月に日米両国が作成した、まったく異質なふたつの旧安保条約案、

「10月11日・外務省原案」⇩「10月27日・マグルーダー原案（国防省原案）」

のプロセスとして、このあと進行していくことになります。

では日本側はその「米軍≠国連軍」という現実を、この3ヵ月後に始まった第1次交渉の段階で、どれくらい正確に認識していたのでしょうか。

実は意外にも、問題のアメリカ側原案（1951年2月2日の「マグルーダー原案［第4版］」）が示された段階で、かなり正確に認識していたようなのです。

というのは、西村は『調書』のなかで、この案に対して、

「駐留軍の特権（略）があらわに表示されているため、一読不快の念を禁じえないものであった」

という有名な言葉をのこしているだけですが、このとき条約局の若手だった後宮《うしろく》虎《とら》郎《お》と高橋《たかはし》通敏《みちとし》のふたり（ともに当時36歳）が西村に提出していた意見書をみれば、かれらがダレスの「43条と106条のトリック」について、どれだけ正確な認識をもっていたかがわかります。

まず後宮は、2月5日付の意見書のなかで、このアメリカ側の原案には国連憲章との関係がどこにも明記されておらず、

「憲章43条が想定する安全保障措置が実現するまでの対処としての、Naked U.S.-Japanese Alliance〔＝むきだしの米日同盟〕の香りが支配的になっているように感

じられます」

と、非常に正確な分析をしています。

また高橋も日付のない意見書のなかで、アメリカ側の案は国連憲章にもとづくものではなく、

「まったく旧来の軍事同盟の様式をそのまま、しかもあまりにもnaked（＝むきだし）に表示してあるものです」

という、非常に本質をついた批判をしていたのです。

けれども、その「むきだしの米日軍事同盟案」はＰＡＲＴ１でみたとおり、ほぼアメリカ側の提案どおり、２月６日に決着し、９日に日米でサインされてしまいました。そのため７日に西村の手にわたった（とされる）後宮と高橋の意見書が、現実の交渉に影響をあたえることはありませんでした。

しかしこのとき条約局の若手ふたりがダレスの「国連憲章43条と１０６条のトリック」について真正面から批判し、それが国連憲章とはまったく関係のない「むきだしの米日軍事同盟である」と正確に表現していた事実は、70年後のいまを生きる私たちに、たしかな歴史認識の手がかりをあたえてくれるのです。

指揮権密約の法的構造

戦後の日米間の「真実の関係」とは?

そしていよいよ、本書のなかでもっとも重要な問題についてお話しするときがきました。

でもその前に一度、この本を書いている私自身のために問題を整理させていただきます。

これまで説明してきたとおり、「旧安保条約」の第1次合意までに起きたおもな出来事は、左の図のとおりでした。

朝鮮戦争の勃発(1950年6月25日)

⇩

「6・30メモ」の作成（同6月30日）

⇩

国務省・国防省間の調整（同8月下旬〜9月7日）

⇩

トルーマン大統領の承認（同9月8日）

⇩

マグルーダー原案（国防省原案）の作成（同10月27日）

⇩

第1次交渉（1951年1月26日〜2月9日）

そしてこのあと、「マッカーサーの解任」と「安保改定」という、ふたつの大きな節目をへて、第1次交渉で合意した「むきだしの米日軍事同盟案」はさらに改悪され、現在にまでいたります。

その約70年におよぶ全プロセスから、法的な骨格だけをとりだして、思いっきりシンプルに表現すると次ページのようになります。

これこそが戦後日本の「闇の奥」に隠された、日米の軍事面における真実の関係なのです。

「6・30メモ」

⇦

アメリカの軍部がつくった「むきだしの軍事同盟案」（マグルーダー原案）

⇦

オモテ側の条約や協定 ＋ 密約

ダレスが「6・30メモ」で日本に求めたもの

ここでひとつ、思いだしていただきたいことがあります。ダレスが「6・30メモ」で設定したシナリオは、**日本が「国連のようなアメリカ」とのあいだに、「国連憲章・特別協定のような旧安保条約」をむすんで、「国連軍のような米軍」を支援する**という法的な関係でした。

その根拠となった国連憲章・第43条の条文（↓196ページ）をよく読んでみると、

そのシナリオのなかでダレスが日本に提供を義務づけていたのは、

(1)「兵力《アームド・フォーシズ》」
(2)「援助《アシスタンス》」
(3)「便益《ファシリティーズ》」

という3つのジャンルであることがわかります。

(3)が「基地権」の問題、(1)と(2)が本書でいう「指揮権」の問題です。

その「基地権」のジャンルで、日本に無数の「軍事施設《ミリタリー・ファシリティーズ》」を提供させるためにダレスが構築したのが、

平和条約

⇩

旧安保条約

⇩

行政協定

⇩

日米合同委員会での密約

という4重構造による「密約法体系」でした。

ここまで何度もお話ししてきたとおり、この「基地権」のジャンルについては研究が進んでおり、全体の構造がほぼ判明しています。軍部の要求である「マグルーダー原案」の内容が、どのような密約によって現在まで受けつがれたかも、条文レベルで解明が進んでいます。

一方、「指揮権」のジャンルで、援助《アシスタンス》や兵力《アームド・フォーシズ》を提供するための法的な取り決めが、いったいどんなかたちでむすばれているのかは、これまでよくわかっていませんでした。

吉田が口頭でむすんだ「統一指揮権密約」や、日米合同委員会の創設理由（↓１２４ページ）、そして自衛隊の現状などから、そうした取り決めがあること自体はわかっていたのですが、それが実際にどのような条文で、どのような法的構造になっているのかが、よくわからなかったのです。

ところが今回私は、統一指揮権密約の謎を追ううちに、旧安保条約にもとづく巨大な「基地権」の法体系とは別に、これまでまったく目にみえていなかった「指揮権」についての、もうひとつの巨大な法体系が存在することに気づかされることになったのです。

隠されていた「指揮権密約」の法体系

その説明のために１８６ページの[A]～[E]のなかから、この問題に関係のある「Ｂブロック」と「Ｃブロック」を左にコピーしておきます。

B

1951年〜1952年

●旧安保条約 関連文書（全7件）

（平和条約について） ①平和条約 ②議定書 ③宣言

（旧安保条約について） ④旧安保条約 ⑤吉田・アチソン交換公文

（行政協定について） ⑥行政協定 ⑦岡崎・ラスク交換公文

⇩

C

1954年

①国連軍地位協定 ②国連軍地位協定・合意議事録 ③日米相互防衛援助協定

右のなかの、「旧安保条約」（B④）と「行政協定」（B⑥）を中心に構成されているのが、「基地権」についての法体系でした。

しかし、このなかにはもうひとつ、「指揮権」についての巨大な法体系が隠されていたのです。それがどれだか、みなさんには、おわかりになりますでしょうか。

実はそれは、

「吉田・アチソン交換公文」（B⑤）と「国連軍地位協定」（C①）を中心とする法体系だったのです。

私はこのおどろくべき事実を、吉岡吉典さんの『日米安保体制論』（新日本出版社）と、末浪靖司さんの『対米従属の正体』（高文研）という本によって知りました。

さらにその「国連軍地位協定」にかんする「合意議事録」（C②）という文書のなかに、指揮権の法体系全体の謎を解くカギがあることを、笹本征男《ゆくお》さんの『朝鮮戦争と日本』（共著／新幹社）という本で知りました。

この3人の先行研究によって、「基地権」における、

平和条約 ⇩ 旧安保条約 ⇩ 行政協定 ⇩ 日米合同委員会での密約

という法体系と相似形をした、「指揮権」における、

平和条約 ⇩ 吉田・アチソン交換公文 ⇩ 国連軍地位協定 ⇩

日米安全保障協議委員会での密約 ⇩ 日米合同委員会での密約

という法体系が存在することが、はっきりと確認できたのです。

もっとも「吉田・アチソン交換公文」と「国連軍地位協定」については、おそらくほとんどのかたが耳にしたことがないと思いますので、このあとできるだけかんたんに、わかりやすくご説明したいと思います。

「旧安保条約」と「吉田・アチソン交換公文」

戦後史についてくわしいかたなら、旧安保条約がいつ、どこで、どのようなかたちで調印されたかについて、よくご存じかもしれません。

１９５１年の９月８日、サンフランシスコの中心部にある豪華なオペラハウスで平和条約の調印式をおこなったあと、日米の代表は郊外にある陸軍基地に移動して、午後５時から旧安保条約の調印式をおこなう。

日本側の代表団がアメリカ側からそう告げられたのは、その前日の９月７日、夜11時近くになってからのことでした。

「旧安保条約は、平和条約をむすんで独立を回復した日本が、あくまでもそのあと、みずからの自由な意志によってむすぶ条約である」

そういうフィクションがダレスによって設定されていたため、その時点でもまだ旧安保条約の条文は存在しないことになっていました。だから国民はもちろん、吉田以外の代表団のメンバー（全権）でさえ、その内容をまったく知らず、そのため翌日の調印式では吉田ひとりが旧安保条約に署名し、代表団6人のうちのふたりは調印式への出席そのものを拒否しました（代理の人物が出席しました）。

つまり旧安保条約そのものが、ひとつの「巨大な密約」としてむすばれたものだった。

そのことについても、あるいはみなさん、よくご存じかもしれません。

しかし、陸軍基地のなかで旧安保条約にサインしたあと、さらに吉田には、もうひとつの「巨大な密約」をとりかわす仕事がのこっていた。そのことについては、おそらくほとんどのかたが、ご存じないはずです。その「事実上の密約」こそ「吉田・アチソン交換公文」、別名「国連の行動に対する日本の協力に関する交換公文」だったのです。

この交換公文をとりかわすにあたっては、めずらしくアメリカ側にミスがあったと、西村は書いています（以下、要約）。

「〔旧安保条約の〕署名を終えると、別室でカクテルがでた。

そのあと交換することになっていた『国連の行動に対する日本の協力に関する交換公文』は、先方がアメリカ側の書簡を式場に持参することを忘れていて、いそいでとりよせねばならなかったので、西村〔条約局長〕と藤崎〔条約課長〕だけは参会者全員が退散し、静まりかえった式場の玄関前で先方の書簡の到着を待った。

アメリカ側の書簡は、夕べの気配の近よるなかで受けとられた」（『日本外交史27　サンフランシスコ平和条約』）

さりげない申し出

この交換公文はあまりにも重大な意味をもっていますので、全文を２８９ページ（コラム６）に収録しておきます。少し読みにくいかもしれませんが、くわしい解説をつけておきましたので、ぜひがんばって読んでみてください。

西村の『調書』によれば、この文書をめぐる問題の始まりは、非常にさりげないものだったようです。第１次交渉（１９５１年１月26日から２月９日）の最終日前日、アメリカ側が井口貞夫《いぐちさだお》外務次官をよびだして、こういってきたというのです。

「2月8日、先方から（略）平和条約の成立後も、日本が当時おこなっていたような**国連軍の通過や、日本での物資の買いつけによって、朝鮮で行動中の国連軍を支持する趣旨の追加文書**を作成したいとの申し出があった」

一見、なんでもないやりとりのようにみえます。すでにおこなわれていた国連軍（朝鮮国連軍）の日本国内の通過や、日本での物資の買いつけを独立後も認めてくれという話ですから、断る理由はどこにもないように思えます。しかし、実はこれこそが「吉田・アチソン交換公文」という、とんでもない不平等条約の始まりだったのです。

「2月9日、わがほうは〔その追加文書に〕同意した。国連への協力という根本方針を堅持するかぎり、**占領管理下で日本が提供しつつある国連協力は、平和条約締結後も継続すべきであり、継続するとすればこれに法的根拠をあたえる必要があったからである**」

独立後の「軍事支援」の継続

このとき旧安保条約の「追加文書」としてわたされた、その文書の核心部分はつぎのようなものでした。

「この条約が発効したときに、もしもまだ国連が朝鮮で軍事行動をつづけていた場合は、日本は国連が、朝鮮の国連軍を、以前と同じ方法で、同じ財政上の取り決めにもとづき、日本を通じて軍事支援《サポート》*5することを可能《パーミット》にする」（英文からの矢部訳）

ここでもっとも重要なポイントは、この文中にでてくる「朝鮮で軍事行動をつづける国連軍」も、それを「日本を通じて軍事支援する国連」も、その実態は米軍そのものであるということです。

つまり当初この「追加文書」をとりかわす目的とされていた「領土内の通過」や「物資の買いつけ」とは、実は朝鮮戦争における米軍への兵站活動（後方支援）を意味しており、日本はそうした後方支援を独立後も変わらずつづけることを約束しますという内容の取り決めをむすばされることになったのです。

＊5　日本側の文書では、この“support”が「支持」と訳されていますが、これは意図的な誤訳です。

「戦争の中心地《センター》」になった日本

朝鮮戦争がはじまると、

「東京は一気に戦争の中心地《センター》になってしまった」

そして、

「日本の船舶の大半が動員され、朝鮮への兵員や物資の輸送につかわれた」

と、ＧＨＱの政治顧問だったシーボルトは書いています[*6]。

この２年後に駐日大使となるマーフィーも、

「日本人は、驚くべき速さで、彼らの４つの島をひとつの巨大な補給倉庫に変えてしまった。このことがなかったならば〔米軍は〕朝鮮戦争を戦うことはできなかったはずである」

と書いています（『軍人のなかの外交官』鹿島研究所出版会）。

現在の私たちはすっかり忘れてしまっているのですが、いまから約70年前、まだ米軍の占領下にあった日本は、朝鮮へ出撃する米軍部隊に対し、強力な兵站活動をおこなっていました。兵士の輸送や弾薬の調達、車両や兵器の修理など、さまざまなかたちの後方支援活動を官民一体となって、フル回転でおこなっていたのです。

さらにはＰＡＲＴ２でみたとおり、米軍基地を防衛するための警察予備隊の創設や、海上保安庁による機雷の掃海など、実質的な「参戦」といえるレベルの軍事行動もおこなっていました。

朝鮮戦争の開始以来、占領体制のもとで日本がおこなってきた、そうした米軍への軍事支援《サポート》を、日本が独立後もずっと継続する。その義務を負うというのが、この「追加文書」のほんとうの意味だったのです！

『調書』を読むかぎりでは、西村はこの時点で、この取り決めをかわすことの重大さに、まったく気づいていなかったようです。もちろん占領下なわけですから、兵站活動も警察予備隊の創設も、すべて日本政府の判断ではなく、占領軍からの一方的な命令でおこなわれたものにすぎません。そもそも日本の基地から出撃していく米軍部隊が、いつどこでなにを攻撃する予定なのか、日本政府はなにも知らなかったのです。

それなのに、そうした占領下でおこなわれた「戦争協力」について、平和条約の締結後もそのまま継続しろというのですから、日本の独立をいったいなんだと思っているのかと、びっくりするような内容です。

しかし、そんなことでおどろいている場合ではないのです。この「国連軍への協力」に関する取り決めは、マッカーサーの失脚後、信じられないほどめちゃくちゃな内容に変更されていくことになるのです。

＊6 “With MacArthur in Japan: A Personal History of the Occupation”（W.W. Norton & Company, 1965）

4　マッカーサーの解任（1951年4月11日）

1951年4月11日、トルーマン大統領がマッカーサーを解任すると発表したことで、日本中は大騒ぎになりました。とくに長年、マッカーサーの絶対的な権力と一体化するかたちで政権を運営してきた、吉田首相の衝撃は大きかったでしょう。

マッカーサー解任の直後、吉田に面会したシーボルトは、事情を説明された吉田が、

「目にみえるほど動揺していた」

と書いています（"With MacArthur in Japan"）。

その後の日米交渉でおこった出来事をみてみると、やはり朝鮮戦争が始まったあとの段階でも、依然としてマッカーサーは日本にとって、米軍からの無理な要求を食いとめる最大の防波堤だったことがわかります。ところがその失脚のあと、

「米軍」vs.「日本政府＋マッカーサー」

というそれまでの力のバランスが一気にくずれ、マッカーサー・モデルはあとかたもなく消滅してしまうことになるのです。

以下、4月11日のマッカーサーの失脚後、すぐに始まった条文の改悪について、かんたんにご説明します。おもな改悪は、つぎの3度、おこなわれました。

第1回修正（1951年4月18日）

アメリカの東部時間の4月10日深夜、マッカーサー解任の知らせをアチソン国務長官から電話で聞いたダレスは、翌日ホワイトハウスでトルーマン大統領と面会し、東京へむかうことを決意します。

実はダレスには、この絶好の機会をとらえて、どうしても実現しなければならないことがありました。それは軍部からの強い要求による、2月9日の「追加文書（のちの「吉田・アチソン交換公文」）」についての条文の変更だったのです。

ダレスが来日し、4月18日から第2次交渉（～23日）が始まります。このときアメリカ側の関係者は、ダレスもシーボルトも、マッカーサーの解任によってアメリカの対日政策の方針が変更することはないと、くり返し強調していました。

しかし「方針に変更はない」どころか、マッカーサーという最大の防波堤を失った日本は、このあとアメリカの軍部の思惑どおり、とんでもない変更をのまされていくことになるのです。

「わずかな変更をしたい」

交渉の初日、4月18日朝のアメリカ側のスタッフ・ミーティングでダレスは、

「われわれは今日、朝鮮の軍事行動に関する付属文書に**わずかな変更**をしたいと、吉田氏に知らせることになる」

とのべていました。そしてまず会議では、前日、日本側に手渡したイギリスの非常にきびしい平和条約案の話を議題にして、そこに吉田や西村の神経を集中させたうえで、さりげなく、2月9日の「追加文書」にわずかな修正をくわえたい、と切りだしたのです。

それはつぎの2ヵ所の修正でした。

○文中の「国連軍」を「国連加盟国の軍隊」に変える〔そのほうが正確だから〕

○文中の「朝鮮」という地域の限定をなくす〈朝鮮以外での不測の事態にそなえるため〉

あるいはそれは日本の戦後史にとって、もっとも重要な瞬間だったかもしれません。この「わずかな変更」によって、一見なんでもないように見える旧安保条約の「付属文書」のなかから、「吉田・アチソン交換公文」という、とてつもなく巨大なモンスターが誕生することになってしまったのです。

吉田・アチソン交換公文の「誕生」

このとき正式な文案はつくられなかったようなので、[*7] この修正にもとづいて、最終的にもとの文書の核心部分がどう変わったかを、左に示しておきます。

「この条約が発効したときに、もしもまだ国連が〈朝鮮→**極東**〉で軍事行動をつづけていた場合は、日本は〈国連→**国連加盟国**〉が、〈朝鮮の国連軍→**国連加盟国の軍隊**〉を、以前と同じ方法で、同じ財政上の取り決めにもとづき、日本を通じて軍事支援《サポート》することを可能《パーミット》にする」

つまり、それまでは、

「日本が独立したときに朝鮮戦争がつづいていた場合、日本は占領体制のもとでおこなっていた朝鮮の国連軍（＝米軍）への軍事支援を継続する」

という内容だったものが、

「日本が独立したあとも朝鮮戦争が正式に終了していない場合、**日本は占領体制のもとでおこなってきた軍事支援を、国連決議と関係なく、朝鮮以外の場所でも米軍に対して継続する**」

というとんでもない内容に変えられてしまったのです。

＊7　この4ヵ月後の8月7日、アメリカ側から「追加文書」は交換公文のかたちにしたいとの申し入れがあり、翌8日、日本側は現在の「吉田・アチソン交換公文」の内容を了承しました。

「オー、ノー」という発言があって、全員が笑いだした

それにもかかわらず西村の『調書』には、ダレスが「朝鮮」という地域の限定をなくすという提案をしたときに、

「この部分を修正する理由は、朝鮮以外に戦争が拡大したときのことを想定しておいたほうがいいからだ。**それを日本に反対されるとこまるのだが**」

と、いったところ、

「当方から『オー、ノー』という発言があって、全員が笑いだした」

と書かれています（要約）。

残念ながら、これは日本の外務官僚たちのほとんどが[*8]、のちに「吉田・アチソン交換公文」という巨大な不平等条約を生みだすことになるこの「追加文書」について、いかにその内容を理解していなかったかを象徴する場面といえるでしょう。

＊8　井口貞夫・外務事務次官だけは事前に説明を受けていたという説もあります。

第2回修正（1951年4月21日）

つづいて実務担当者だけでおこなわれた3日後（21日）の会議では、国防省を代表して派遣されてきたジョンソン陸軍次官補が切りだします。現在の旧安保条約案の第1条に、米軍の駐留は、

「外部からの武力攻撃に対する**日本の防衛だけを目的とする（would be designed solely for the defense of Japan)**」

と書かれているが、このような表現では沖縄が攻撃されたとき、在日米軍は軍事行動をとれないのではないかという誤解を生む心配がある。そこで米軍の駐留は、

「外部からの武力攻撃に対する**日本の安全に貢献することを目的とする（would be designed to contribute to the security of Japan)**」

という表現に修正したい、と。このとき西村は、

「熟慮の結果、支障ないと判断して同意することを伝えた。この点については、翌22日午後、目黒官邸で総理に報告し、追認を得た」と書いています。

しかしこの変更によって、在日米軍による日本の防衛義務は、あきらかにあいまい

なものになっています。そしてその変更に「同意する」とその場で返答しているのは、西村と部下の安藤《あんどう》という外務官僚ふたりだけです。あまりにも重大な変更が「密室」でおこなわれてしまったといわざるをえません。さらにこのときの譲歩が3ヵ月後、決定的な条文の改悪につながることになるのです。

第3回修正（1951年7月30日）

6月になるとロンドンで、アメリカとイギリスによる対日平和条約の最終協議がおこなわれ、14日には最終案（「米英条約案」）が確定しました。会議に出席したアリソンが、その条文をもって日本へ直行し、第3次交渉（6月25日〜7月3日）が始まりましたが、旧安保条約については、このとき具体的な交渉はなにもおこなわれませんでした。

しかし信じられないことにそれから1ヵ月後、非常に重大な修正が、なんと文書によって日本側に「交付（＝通達）」されることになったのです。

7月30日、シーボルトからよばれた井口外務次官と西村条約局長が大使館をたずねると、安保条約の新しい文案を一方的に「交付」されてしまいました。修正されていたのは全部で5ヵ所、そのうち重要な修正は第1条にかんする次の2ヵ所でした。

まずひとつめの修正は、日本はアメリカに、米軍が日本国内に「**駐屯する**(station)」権利をあたえるという部分を、「**配備する**(dispose)」権利をあたえるに変更するというものでした。

この変更はＰＡＲＴ1でもお話ししたとおり、「駐屯」と「配備」では天と地ほどのちがいがあります。そして「配備」という言葉がこの時点でさしかえられたものだということを考えるとき、約1年前にマッカーサーがとなえた日本の「全土基地方式」も、軍部の意向がすべて実現した現在の米軍駐留のあり方とは、かなりちがったものだったのだろうと思わざるをえないのです。

事実、「6・23メモ」に書かれているように、マッカーサーの全土基地方式には、特定の基地の名前を条文に書きこんでしまうと、独立後の日本に存在する米軍基地が「第2次大戦の戦利品」というイメージをもたれるおそれがあるという理由もあったからです。米軍基地を「基地《ベース》」ではなく、「施設《ファシリティー》」とよぶダレスの「6・30メモ」のアイデアは、そうした意味でもマッカーサーの好みにあっていたわけです。

極東条項の追加

そしてこの第3回修正におけるふたつめの改悪が、「極東条項」の追加とよばれる最悪の修正でした。これは4月に改悪された、

「〔日本に駐留する米軍は〕外部からの武力攻撃に対する**日本の安全に貢献することを目的とする**」

という部分を、さらに、

「この軍隊は**極東における国際平和と安全の維持ならびに**①（略）外部からの武力攻撃に対する**日本の安全に貢献するために使用することができる**②」

に改悪するというものでした。

この修正は右の太字部分のように、①と②のふたつの修正からなっています。

まず①では、米軍が日本に駐留する目的が「日本の安全保障への貢献」から、もうひとつふえて、「極東における国際平和と安全の維持」という目的が追加されています。ここで注意すべきはこの「極東」という言葉が、「行動の範囲」を示すものではなく、「目的の範囲」を示すものだということです。

これもまた法的トリックのひとつだと思うのですが、**「極東条項」というから日本周辺での軍事行動の話かと思っていたら、そうではなく、「極東における平和と安全の維持」という「目的」のためなら、世界中どこでも軍事行動をおこなうことができる。冗談ではなく、宇宙空間にだって出かけていけるという話なのです。**

しかも国外での軍事情報をもたない日本側は、その判断に参加することができない。この6年後に、アメリカ大使館のホーシー公使がおどろくことになる（→68ページ）、

「アメリカは、日本政府とのいかなる相談もなしに『極東における国際平和と安全の維持に貢献するため』という理由で米軍をつかうことができる」

という米軍のもつ巨大な特権、いまにいたるまで日米合同委員会の密室で、日本の官僚が最終的には米軍の要求を聞かざるをえない法的根拠が、この一方的な修正によって確立されてしまったのです。

「アメリカの日本防衛義務」の消滅

くわえてもうひとつの②の部分は、4月21日に修正した箇所をさらに改悪するとい

うものでした。

つまり米軍の日本駐留は、外部からの武力攻撃に対して、

「日本の安全に貢献することを**目的とする（would be designed to）**」

という部分が、

「日本の安全に貢献するために**使用することができる（may be utilized to）**」

へと変更されていたのです。

条文で「できる（may）」というのは、「しなくてもかまわない」ということですから、**これでダレスの当初の方針どおり、アメリカの日本防衛義務は完全に消滅することになりました。**

第1次交渉で合意した条文（「2月9日案」）には、米軍の日本駐留は、

「日本の防衛だけを目的とする（would be designed solely for）」

と書かれていたことを考えると、まさに完全な詐欺にあったといっていいような変更です。

さすがにこのとき、担当の藤崎条約課長はかなりねばり、フィン書記官からなんとか「このmayはwillの意味ですね」という言質《げんち》をとろうと頑張りますが、結局ごまかされて終わります。

西村はこの日の修正について、翌7月31日、箱根に滞在中の吉田総理に説明し、了承をえていますが、18年後に書いた『調書VI』のなかでは、当時、この極東条項についてそのほんとうの意味がわからないままに総理に同意をすすめたことは、

「事務当局として汗顔《かんがん》のいたりである〔＝恥ずかしいかぎりです〕」

と書いています。

けれどもこの単純な「極東条項」の意味がよくわかっていなかったのですから、複雑な「追加文書」、つまり「吉田・アチソン交換公文」における変更の意味は、もちろんまったくわかっていなかったものと思われます。

「占領体制の継続」よりもはるかに悪い、

「占領下における戦時体制（＝戦争協力体制）の継続」

こうして国民がまったく知らないうちに生みだされた「吉田・アチソン交換公文」という、この日米間の巨大な不平等条約が意味しているのは、**日本は占領下で米軍（朝鮮国連軍）に対しておこなっていた戦争支援を、独立後も地域を問わずつづける法的義務を負わされてしまった**という事実です。

私はこの本の「はじめに」のなかで、このあと日本の戦後史における「最後の秘

密」にまで話が進んだとき、みなさんの前にあらわれるのは「占領体制の継続」よりも、はるかにきびしい日本の現実だと書きました。それを読んで、

「占領体制の継続より、ひどい状況なんてあるのか」

と思われたかたも、いらっしゃったと思います。

しかし左の「コラム6」にのせた「吉田・アチソン交換公文」の全文と解説を読んでいただければ、現在の私たち日本人の日々の生活の基盤である日米の法的関係の本質が、

「占領体制の継続」

よりもはるかに悪い、

「占領下における戦時体制（＝戦争協力体制）の継続」

であることが、はっきり理解していただけると思います。

コラム6　吉田・アチソン交換公文を読む（左ページ以下の条文を参照しながら）

〈トリック①〉まず全体で3つの節にわかれたこの交換公文の冒頭（第1節）で

国務長官から内閣総理大臣にあてた書簡（英文からの矢部訳）

書簡をもって啓上いたします。本日署名された平和条約の効力発生と同時に、日本国は、「国連がこの憲章にしたがってとるいかなる行動についてもあらゆる援助《アシスタンス》」を国連にあたえることを要求する、国連憲章第２条にかかげる義務を引きうけることになります①。

われわれの知るとおり、武力侵略が朝鮮におこりました。これに対して、国連およびその加盟国は、行動をとっています。1950年７月７日の安全保障理事会決議にしたがって、合衆国のもとに国連の統一司令部が設置され、総会は、1951年２月１日の決議によって、すべての国および当局に対して、国連の行動にあらゆる援助《アシスタンス》をあたえるよう、かつ、侵略者にいかなる援助をあたえることも慎むように要請しました。連合国軍最高司令官の承認を得て、日本国は、施設《ファシリティーズ》および役務《サービスィズ》を国連加盟国でその軍隊が国連の行動に参加しているものの用に供することによって、国連の行動に重要な援助をこれまであたえてきましたし、また、いまもあたえています②。

将来は定まっておらず、不幸にして、国連の行動を軍事支援《サポート》するための日本国における施設および役務の必要が継続し、または再び生ずるかもしれません③ので、本長官は、平和条約の効力発生の後に１または２以上（＝単数または複数）の国連加盟国の軍隊が極東における国連の行動に従事する場合④には、当該１または２以上の加盟国がこのような国連の行動に従事する軍隊を日本国内およびその附近において軍事支援《サポート》することを日本国が可能《パーミット》にし、便宜をはかる《ファシリテート》⑤こと、 （→P291に続く）

は、日本が平和条約の発効と同時に、「国連のいかなる行動についても、あらゆる援助《アシスタンス》をあたえる」（国連憲章第２条[*9]）義務を受諾した（平和条約・第５条[*10]）ことが確認されています。

　このロジックが第2節、第3節でしだいに、だから「国連軍〔のような米軍〕のあらゆる行動に、あらゆる軍事支援《サポート》をしろ」という要求の根拠になっていくわけですが、もっとも重要なポイントは、そもそもこの時点（１９５１年９月）で日本はまだ、国連に加盟していないということです。

　日本が実際に国連へ加盟したのは１９５６年で、この時点ではまだ平和条約の前文のなかで、「加盟を申請する意思」を宣言しているにすぎません。つまり国連憲章にもとづく法的な権利や保護をまったく受けられない段階で、どんな国も実際にはおこなっていない非現実的な義務だけを負わされているのです。

　これがダレスの得意とした、法的トリックの神髄です。このように相手国を法的保護のない宙ぶらりんの立場におき、そのあいだに好き勝手なことをやってしまう（→３０８ページ）。

　逆にいえば、そのようなロジックによって日本に米軍への無制限な軍事支援を義務づけるため、ダレスが知恵をしぼって条文をセットしたのが、サンフランシスコ

(p289より続く→) また、日本の施設および役務の使用に伴う費用が現在どおりに、または日本国と当該国連加盟国との間で別に合意されるとおりに負担されることを、貴国政府に代わって確認されれば幸いであります。合衆国に関するかぎりは、合衆国と日本国との間の安全保障条約の実施細目を定める行政協定にしたがって合衆国に供与されるところをこえる施設および役務の使用は、現在どおりに、合衆国の負担においてなされるものであります。

本長官は貴大臣に敬意を表します。

ディーン・アチソン

1951年9月8日

日本国内閣総理大臣　吉田茂殿

内閣総理大臣から合衆国国務長官にあてた書簡

書簡をもって啓上いたします。本大臣は、貴長官が次のように通報された本日付の貴簡を受領したことを確認する光栄を有します。(アメリカ側公文省略：ここに前記のアメリカ側書簡がそのまま挿入されている)

本大臣は、貴長官に敬意を表します。

日本国内閣総理大臣外務大臣　吉田茂

1951年9月8日

アメリカ合衆国国務長官　ディーン・アチソン殿

平和条約（ジョン・ダワーさんのいう「サンフランシスコ体制《システム》」）だったといえるでしょう。

〈トリック②〉 第2節のなかでおかしな部分はここだけです。これ以外の内容は、歴史的事実をなぞっているだけで、ウソはありません。

けれどもこの最後の部分で、日本はこれまで「最高司令官（マッカーサー）の承認を得て」、自発的に国連軍を援助してきたという完全な虚偽がのべられています。

実際には、この時期日本はもちろんアメリカに占領されていて、すべてマッカーサーひきいるＧＨＱの指示にしたがい、米軍を軍事支援していたにすぎません。その象徴的な行動が、米軍基地をまもるための7万５０００人の警察予備隊の創設だったわけですが、それらはいずれも自国の意思と決定にもとづく行動ではありませんでした。

それなのに「日本はこれまで、そうした援助《アシスタンス》（実際は軍事支援《サポート》）を自発的にあたえてきた」ということになっており、「今後も同じことをつづけるだけだから、大した問題ではない」という論理構成になっているのです。

〈トリック③〉 そしてここからあとの第3節に、さまざまなトリックがしかけられているのです。

まずこの交換公文の第2節で「国連が要請」していたのは、「国連安保理決議にもとづいて編成された朝鮮国連軍」への援助《アシスタンス》でした。もともとは、もし平和条約が発効したあと、まだ朝鮮で国連軍が戦争をしていたら、日本は国連軍の領土内の通過を許可したり、物資の買いつけを認めることで助けてほしいという話だったのです（１９５０年2月8日）。

ところが「将来は定まっておらず」と「〔そうした状況が〕再び生ずるかもしれません」という言葉によって目的の限定がはずされ、「朝鮮戦争以外の戦争でも、日本は国連の行動に対する軍事支援《サポート》に協力する義務」を負わされることになっているのです。

〈トリック④〉　さらにここが問題の、マッカーサーの解任直後の第1回修正（２７６ページ）で変更されてしまった部分です。

変更前は日本がおこなうのは、この交換公文の第2節と同じく、「国連安保理決議にもとづく朝鮮国連軍」への援助《アシスタンス》だけでした。当然です。そうでなければ、もともと西村たちが受け入れるはずはありません。

けれどもマッカーサー解任という大混乱のなかで、「朝鮮」と「国連軍」という限定が文面からはずされ、変更後はこのように、「国連加盟国の軍隊が、極東における国連の行動に従事する場合」は日本が援助するという、無限に拡大解釈が可能な取り決めになってしまったのです。

〈トリック⑤〉そして最大のトリックが、この⑤です。

おどろくべきことに、日本が国連憲章にもとづいて援助する義務を負う相手とは、無限に拡大解釈が可能なトリック④の「極東で国連の行動に従事する国連加盟国の軍隊」でさえないのだということが、ここには書かれています。

ここはほんとうに複雑でわかりにくいところなのですが、日本が援助する義務を負っているのは、定義があいまいなトリック④の軍隊ですらなく、「そうした（トリック④の）軍隊を軍事支援《サポート》する国連加盟国」に対してだというのです。つまり「国連の行動」とはいっさい直接の関係をもたない国の軍隊を支援する義務をもつということです。

そして最大のトリックは、現実には「支援される国連加盟国の軍隊」（朝鮮国連軍）**も「支援する国連加盟国の軍隊」**（在日米軍）**も、どちらも米軍だということです。**

これは日米交渉をめぐる数多くの法的トリックのなかでも、きわめつきにインチキなものといっていいでしょう。ふつうの外交官はつかわない。おそらくダレスがウォール街でみがいたテクニックのひとつなのでしょう。

ではなぜ、ダレスがここで実際はひとつのものを無理やりふたつにわけているかといえば、国連軍の名のもとに日本に戦争支援の義務を負わせながら、現実に支援をうける米軍は、国連からの拘束をいっさいうけずに、自由に軍事行動をおこなうためでした。

この吉田・アチソン交換公文によって、そうした米軍の自由な軍事行動に対して、日本は軍事支援を「可能にし、便宜をはかる」法的な義務を負うことになってしまいました。

それは名目上はインチキな概念操作によって、「国連と関係のある軍事行動をおこなう軍隊（朝鮮国連軍）」を「軍事支援する国（アメリカ）」への援助という間接的なかたちをとって憲法問題を回避していますが、実際には米軍が自由におこなう戦争に対し、日本が兵站活動（後方支援）という、まぎれもない軍事行動をおこなう義務を負うという意味なのです。

＊9　国連憲章　第2条　5項
すべての加盟国は、国際連合がこの憲章にしたがってとるいかなる行動についても国際連合に

あらゆる援助をあたえ、かつ、国際連合の防止行動または強制行動の対象となっているいかなる国に対しても援助の供与を慎まなければならない。

＊10　サンフランシスコ平和条約　第5条　a項

日本国は、国際連合憲章第2条にかかげる義務、とくに次の義務を受諾する。（略）

（iii）国際連合が憲章にしたがってとるいかなる行動についても国際連合にあらゆる援助をあたえ、かつ、国際連合が防止行動または強制行動をとるいかなる国に対しても援助の供与を慎むこと。

統一指揮権の条文は、どこへいったのか

この「吉田・アチソン交換公文」によって、ダレスが「6・30メモ」で設定した、

(1)「兵　力《アームド・フォーシズ》」

(2)「援　助《アシスタンス》」

(3)「便　益《ファシリティーズ》」

という日本の提供義務のうち、(2)「援　助《アシスタンス》」についての法的根拠が確立されること

になりました。

また、これまでのべてきたとおり、⑶「便益《ファシリティーズ》」については、すでに「基地権の密約法体系」が存在します。

ですから最後にのこされたのは、⑴「兵力《アームド・フォーシズ》」だけとなりました。あとはあのマグルーダー原案に書かれていた「統一指揮権」さえ条文に書きこめば、米軍は、

「他国（＝日本）のすべての国土と経済力と軍事力を自国のために自由につかう」

という究極の目標を、完全なかたちで達成することができるのです。

ところがすでにみたとおり、ダレスは統一指揮権についての条文を、旧安保条約にも行政協定にも書きこむことができず、結局アメリカ側は、吉田と2度の口頭密約をむすぶことになりました。

基地権にくらべて指揮権の問題は、やはりそれほどむずかしかったというわけです。

考えてみるとそれも当然の話で、もし軍の指揮権を明白なかたちで他国がもっていたら、それはだれがみても完全な属国ということになってしまいます。けれどもその一方で、アメリカがそうした重大な問題について、口頭密約だけで終わらせる可能性も、またゼロなのです。かならずどこかで、きちんと紙に書いた取り決めをむすんで

いるはずなのです。

けれどもその取り決めが、これまでどうしてもみつからなかった。そのためこの指揮権の法的構造については、長年、謎につつまれていたのです。

その最後の謎を解くカギとなったのは、

「国連軍地位協定・合意議事録」

という、ほとんどだれも知らないような取り決めだったのです。

「国連軍地位協定・合意議事録」のトリック

この問題については、日本占領史の在野の研究者である故笹本征男さんが、「朝鮮戦争と『国連軍』地位協定」という先駆的な論文をのこされています（『朝鮮戦争と日本』所収）。

まず「国連軍地位協定」[*11]のほうからかんたんに説明すると、左のように「旧安保条約」と「行政協定」、「新安保条約」と「地位協定」がそれぞれセットであるように、現在「吉田・アチソン交換公文」とセットになって、日本に駐留する国連軍の「法的権利」（特権）をさだめているのがこの協定です。

○駐留の根拠をさだめた条約

「旧安保条約」（米軍）
「新安保条約」（米軍）
「吉田・アチソン交換公文」（国連軍）

○駐留軍の法的権利（特権）をさだめた協定

「行政協定」（米軍）
「地位協定」（米軍）
「国連軍地位協定」（国連軍）

＊11 1954年2月19日に東京で、日本、「アメリカ」、カナダ、ニュージーランド、イギリス、南アフリカ、オーストラリア、フィリピン、フランス、イタリアの「10ヵ国」によって署名され、同年6月11日に発効しました。

不思議な条文

その内容は基本的に「行政協定」とほぼ同じといっていいのですが、それにプラスするかたちで前文に、

「平和条約の発効後、日本は国連のいかなる行動についても、あらゆる援助をあたえ

る義務を負う」

という「吉田・アチソン交換公文」の骨子がそのままくり返されています。

この「国連軍地位協定」について、本文ではない付属の「合意議事録」のほうに不思議な条文があることを、笹本さんが論文のなかで指摘されていました。

それが左の条文です。

国連軍地位協定の第1条に関する合意議事録（1項）

この協定の適用上、アメリカ合衆国政府は、**「統一司令部として行動するアメリカ合衆国政府」**（＝the Government of the United States of America **acting as the Unified Command**）**の資格《キャパシティ》においてのみ行動する。**

日本国における合衆国軍隊の地位は、１９５１年9月8日にサンフランシスコ市で署名された、日本国とアメリカ合衆国とのあいだの安全保障条約にもとづいておこなわれる取り決め**〔＝行政協定〕によって定められる。**

この合意議事録の意味は、いったいなんなのか。

条文の前半が意味しているのは、この国連軍地位協定をむすんだ当事者は、ほかの国はもちろんすべて、その国の政府なわけですが、アメリカだけは政府そのものではないということです（実際、協定の本文でも署名欄でも、協定の当事者はすべて「アメリカ合衆国」や「アメリカ合衆国政府」ではない、「統一司令部として行動するアメリカ合衆国政府」と表記されています）。

さらに条文後半の意味は、兵力のうえで国連軍の大半を占め、現実にはほとんど国連軍そのものであるはずの米軍が、なぜか米軍自身がつくったこの「国連軍地位協定」ではなく、在日米軍のための「行政協定」によって日本に駐留するということです。

「？？？？？」

これはいったい、どういうことなのでしょうか。

笹本さんは謎を指摘されただけで亡くなられ、私も最初はその意味がまったくわからなかったのですが、今回、「吉田・アチソン交換公文」が成立するまでの歴史を「付属文書」の時代からたどってみたことで、ようやく謎が解けました。同交換公文では日本から軍事支援を受ける米軍が、一貫して「国連の行動に従事する軍隊」と「それを軍事支援する軍隊」という、ふたつのカテゴリーにわけられていたからです（↓２９４ページ「トリック⑤」）。

最後のトリック

つまり、その「吉田・アチソン交換公文」とセットである「国連軍地位協定」においても、ほんとうはひとつの存在である在日米軍が、概念上、

「統一指揮権をもつ国連軍司令部（＝実態は極東米軍司令部）」（米軍Ａ）と、
「日本において巨大な既得権益をもつ在日米軍」（米軍Ｂ）

のふたつにわけられた。そして国連軍地位協定をむすんだ主体は、アメリカ政府ではなく、前者の「国連軍司令部」[*12]だということにして、その他の在日米軍は、すべて行政協定の対象としたということです（↓３０６ページ「コラム７」）。

ですから、法的構造としては３０４ページの図のように、日本はあらゆる戦争協力を、統一指揮権をもつ「米軍Ａ」とのあいだで義務づけられ（「国連軍地位協定」を法的根拠として）、その一方、現実の協力は、巨大な既得権益をもつ「米軍Ｂ」に対しておこなう（「旧安保条約」や「行政協定」「吉田・アチソン交換公文」を法的根拠として）

ことになったというわけです。

＊12　国連安保理決議第84号（２２１ページ「コラム５」）によってアメリカ政府にあたえられた統一指揮権を行使する主体としての国連軍司令部（＝極東米軍司令部）。

ふたつの米軍

ではなぜ、そんなめちゃくちゃな概念操作をしたのかというと、それはふたつの顔をつかいわけることで、米軍が最大の利益をえられるからでした。

まずひとつめは、「吉田・アチソン交換公文」の本来の目的である戦争協力の問題です。

当時、占領軍の駐留に関しては、日本政府が「終戦処理費」という名目で経費を負担することになっていました。その莫大な経費をまかされて、占領軍のために物資や役務《サービス》を調達していたのが、特別調達庁（のちの防衛施設庁）という巨大官庁だったのです（１９４８年末で、定員約１万２０００人）。

米軍の法的支配の構造（旧安保条約の時代）

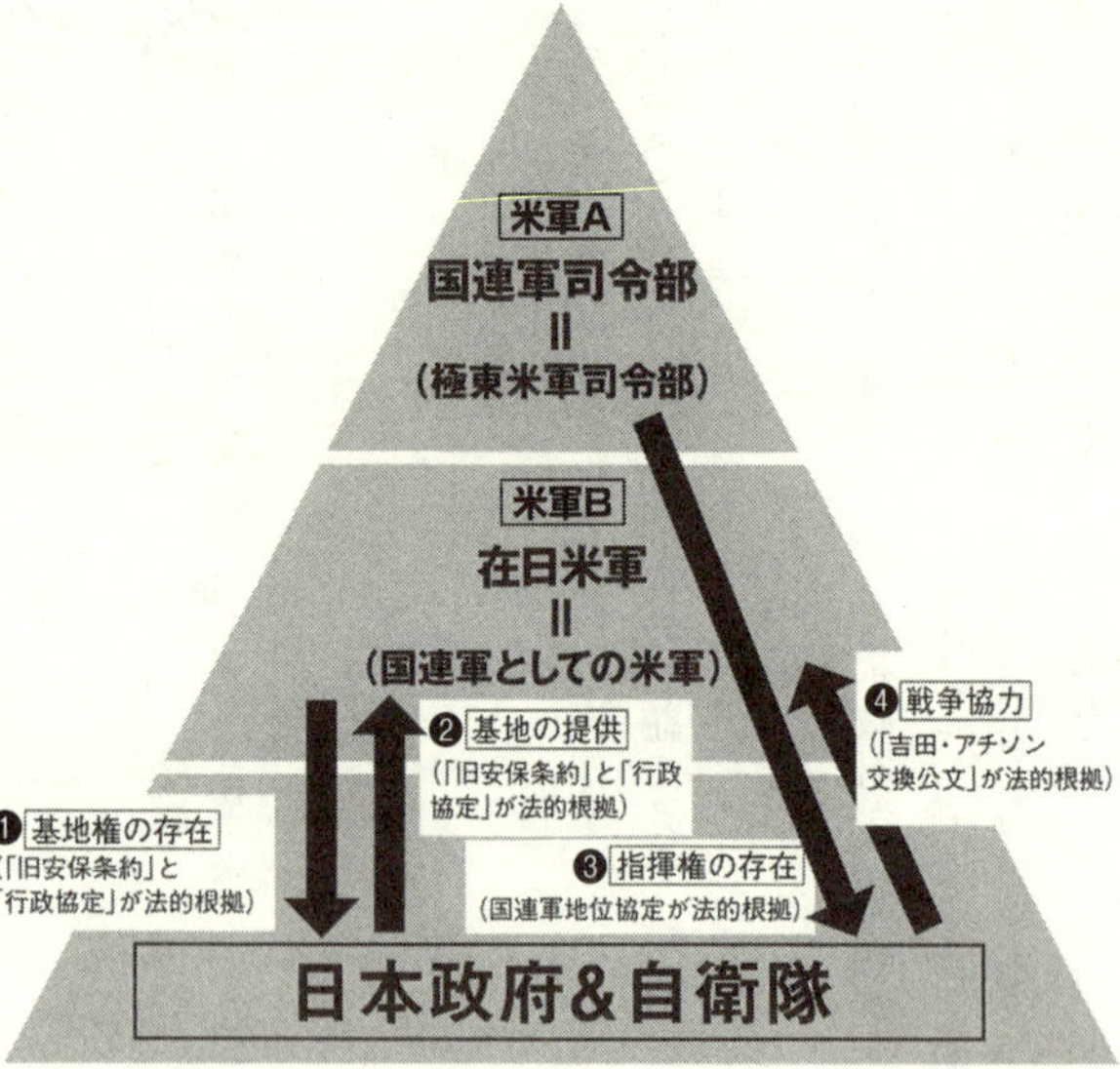

朝鮮戦争では、この巨大組織がフル回転して物資や労働力を確保し、強力な米軍支援をおこなっていました。実はそうした朝鮮戦争の経費まで、米軍は終戦処理費のなかから流用していたことがわかっています（『占領軍調達史　部門編Ⅱ』調達庁総務部総務課）。最終的には流用していた経費は、帳簿上では返還（償却）されたことになっていますが、占領目的以外の、しかも戦争のために特別調達庁が組織と経費をつかって協力したことは、完全な違法行為でした。

けれどもなにしろ占領中ですので、米軍の行動のうち、どれが国連軍としての行動で、どれが占領軍としての行動なのかは、もちろん日本側にはなにもチェックできません。そのため特別調達庁に代表される朝鮮戦争への日本の戦争協力は、すべて「国連軍（米軍A）の行動を支援する占領軍（米軍B）」への協力という名目のもとでおこなわれることになったのです。

これが「吉田・アチソン交換公文」の設定において当初から、「国連軍（米軍A）」と「その行動を支援する国連加盟国（米軍B）」が概念上、分けられていた理由だったのでしょう。

そのため、国連軍の主力として戦う米軍が、みずからのつくった「国連軍地位協定」のなかで、同協定ではなく「日米行政協定（安保改定後は地位協定）」によって日本に駐留することを宣言するという、矛盾した状況がうまれてしまったわけです（↓３００ページの「合意議事録」後半）。

コラム7　「統一指揮権」と「統一司令部」

くわしくは２２１ページの「国連安保理決議・第84号」をみていただきたいのですが、朝鮮国連軍を誕生させたこの１９５０年７月７日の安保理決議で、権利としての“a unified command”（統一指揮権）ではなく、その権利をゆだねられた主体を意味する“the unified command”という言葉がはじめて登場します。

　この84号決議において、それは「統一指揮権をゆだねられたアメリカ政府」を意味していましたが、しだいに“the Unified Command”（統一司令部）と表記されるようになり、東京の第一生命ビルにおかれた“the United Nations Command”（国連軍司令部）と同じ意味の言葉として、国連の公式文書などのなかでも使われるようになっていきました（香西茂「国連軍」）。その「国連軍司令部」の実態が、「極東米軍司令部」だったことは、いうまでもありません。

その「統一指揮権をゆだねられたアメリカ政府（＝統一司令部＝国連軍司令部＝極東米軍司令部）」という概念を、「在日米軍」から切りはなし、前者は「国連軍地位協定」によって日本への指揮権をもち、後者は「行政協定」や「吉田・アチソン交換公文」によって日本から、基地をはじめとするさまざまな便益《ファシリティーズ》の提供を受けるとした。それが「国連軍地位協定・合意議事録」の意味だったのです。

頭部は国連軍司令部、体は在日米軍というキメラ（複合生物）

そしてその「吉田・アチソン交換公文」で生まれた二重構造が、国連軍地位協定によって、指揮権の問題にも応用されることになりました。

というのも「吉田・アチソン交換公文」は、アメリカ政府と日本政府のあいだでむすばれた、戦争協力（＝「国連軍協力」）のための取り決めです。

一方、「国連軍地位協定」はその「吉田・アチソン交換公文」を根拠にむすばれた、統一指揮権をもつ「国連軍司令部（米軍A）」と日本政府のあいだの取り決めです。当然、両者の関係は「指揮権」の存在を前提としています。

こうして旧安保条約の交渉時に、アメリカの軍部が最後は行政協定に入れようとして断念した「米軍司令官の統一指揮権」が、代わりに「国連軍司令部の統一指揮権」として、国連軍地位協定に明記されることになったのです。

その結果、日米の軍事上の法的な関係は３０４ページの図にあるような、頭部が「国連軍司令部（米軍A）」で、体は「在日米軍（米軍B）」という、奇怪なキメラ（複合生物）を誕生させることになりました。**このめちゃくちゃな「法的トリック」を考えると、日本人が「米軍＝国連軍」か「米軍≠国連軍」かという問題をめぐって、これまで70年近くも混乱をつづけてきたことも、まったく当然の話といってよいのです。**

ダレスの究極のテクニック

2度めの口頭での統一指揮権密約（１９５４年2月8日→１４６ページ）の直後に、この国連軍地位協定がむすばれ（同年2月19日）、つづいて日米相互防衛援助協定（MSA協定、同年3月8日）がむすばれ、さらには自衛隊が創設（同年7月1日）されて、わずか5ヵ月間でこの軍事的キメラの骨格が完成します（→３２４ページ）。

こうした大きな流れのなかで、

「完全にアメリカに従属した、戦時には米軍の指揮下に入る自衛隊」
という、アメリカの軍部の希望（「マグルーダー原案」）がすべて実現することになったのです。しかし、ここでもっとも注目すべきポイントは、こうした日本とアメリカの軍事的な取り決めが、すべて国連憲章を根拠としながら、日本がまだ国連に加盟していない、同憲章の法的保護の存在しない期間にむすばれたという事実です。

まさにこれこそが、「吉田・アチソン交換公文」の解説（↓288ページ〈トリック①〉で説明したとおり、ダレスの得意とした究極のテクニックでした。相手国に対し、国際法の名のもとで義務を強制しながら、その国を国際法の保護が受けられない法的真空状態におく。そのあいだに非常に不平等な関係を成立させてしまうという、かれのお得意の手法だったのです。

沖縄の軍事占領のトリック

そのやり口は、沖縄のケースをみればよくわかります。平和条約をむすんで日本が独立したあとも、沖縄を軍事占領しつづけるために、ダレスはいったいどんなテクニックをつかったのか。

それは国連憲章の例外規定（↓２０９ページ）のなかにある、信託統治制度をつかったトリックでした。アメリカは第２次大戦後、日本軍のアメリカ攻撃の拠点となった沖縄や南洋諸島（マリアナ諸島、カロリン諸島、マーシャル諸島）を、みずからの軍事支配のもとにおきたいと考えていました。そのための法的なシナリオも、国連憲章のなかにあらかじめセットされていたのです。

まず国連憲章77条（「敵国条項」）をつかって、日本（「敵国」）から分離した沖縄や南洋諸島を「信託統治制度」のなかに位置づけ、さらに82条（「戦略地区の指定」）をつかって同制度のなかの「戦略地区」に指定する。そうすれば国際法上、完全に合法的なかたちで、軍事利用が可能な「事実上の植民地」として支配することができる。そのように国連憲章の条文があらかじめ設計されていたのです。[*13]

南洋諸島に関しては、ダレスはそのシナリオどおりにやりました。信託統治制度のなかで唯一の「戦略地区」に指定し、その後、長期にわたってその地域内で、核実験や大陸間弾道ミサイルの着弾実験などをくり返したのです。

一方、人口の多い沖縄については、さらに複雑で巧妙なトリックをつかいました。南洋諸島と同じシナリオを、日本との平和条約（第3条・前半）のなかで、「日本は、アメリカが国連に対して、沖縄を信託統治制度のもとにおくという**提案を**

した場合、無条件でそれに同意する」

という表現で受け入れさせておきながら、結局１９７２年の沖縄の本土復帰まで、**ついにそうした提案を一度もしなかった**のです。

その場合、２０９ページの例外規定にある国連憲章80条によって、**信託統治協定がむすばれるまでのあいだ**、関係国の法的権利はすべて現状維持のまま変更されないことになっています。そのためアメリカは沖縄に対して、戦争が終わってから27年ものあいだ、完全な軍事占領状態を「合法的に」継続することができたのです。

＊13　こうした国連の理念に完全に反するアメリカの政策を合法化するためにあらかじめ条文化されていたのが、「第2次大戦の敗戦国（敵国）に関する戦後処理については、国連憲章の条項は効力をもたない」とする国連憲章１０７条（「敵国条項」）でした。

「法的怪物《ジュリディック・モンスター》」の誕生

フランスの国際法学者ジャン・ロッシュは、こうしたダレスのトリックを、

「他国の領土を併合することなく、併合と同じ利益を実現する手段として、これほど巧妙な方法を私は知らない」

とのべています。[*14] そして、国際法の保護がいっさい存在しない本土復帰以前の沖縄の状態を、

「併合されてもおらず、信託統治制度にもとづく非自治組織でもない。そこに存在するのは、ただ恐怖におびえた顔をもつ『法的怪物《ジュリディック・モンスター》』なのである」

と表現していました。

しかし、「吉田・アチソン交換公文」と「国連軍地位協定」を中心とする、

「国連憲章上の義務を根拠としながら、日本がまだ国連に加盟していない時期に構築されたアメリカへの戦争協力体制」

は、現在の日本が沖縄と同じ、国際法上の真空状態にあることを示しています。

ロッシュの言葉を借りていえば、「戦後日本」という国全体が、

「国連憲章にも、正規の二国間協定にももとづかない、ただ恐怖におびえた顔をもつ『法的怪物《ジュリディック・モンスター》』」なのです。

＊14　「信託統治における主権」（１９５４年）

5　新安保条約の調印（1960年1月19日）

安保改定の本質

ここまでお読みになって、

「なあんだ。これまであんまりおかしいので不思議でしかたなかった日本の現状は、結局、朝鮮戦争が原因だったのか」

と、納得されたかたも多いのではないかと思います。書いている私自身、これまで自分がそのことに気づかなかったことのほうが、不思議に思えるくらいです。なんといってもそれは、日本の独立直前に、すぐとなりの国でおきた大戦争だったのですから。

そう考えると、その後、70年という長きにわたって「日本の軍事的側面」で起こっ

た数多くの不可解な出来事は、262ページの図をバージョンアップするかたちで、

朝鮮戦争の勃発直後に、軍部を説得するためにダレスがつくった「6・30メモ」

⇩

朝鮮戦争の真っ最中に、日本に軍事支援をさせるために軍部がつくった「マグルーダー原案」

⇩

オモテ側の条約や協定 ＋ 密約 による法制化

というプロセスのなかから生まれたものだったということができるでしょう。

そして朝鮮戦争への軍事支援をおこなうために生みだされたこの、

「占領下の戦時体制」

という「戦後日本」の基本構造を、よりしっかりとした法体系のなかでつくりなおすこと。いわば急造のバラック小屋だったものに鉄筋を入れ、堅固なビルに建てなおすこと。それこそが1960年におこなわれた「安保改定」の本質だったといえるのです。

安保改定の構造

安保改定について本格的に書きはじめると、確実にもう一冊分のページ数が必要ですので、ここからはほんとうに重要なポイントだけにしぼって書くことを、どうかお許しいただきたいと思います（安保改定については『知ってはいけない２』（講談社現代新書）をご覧ください）。

３０４ページの図を上書きするかたちで説明すると、１９６０年１月19日の新安保条約の調印によって、日米の軍事上の法的関係は、３１６ページの図のように修正されることになりました。

①の「基地権の存在」と②の「基地の提供」、③の「指揮権の存在」と④の「戦争協力」については、以前とほぼ同じです。

安保改定におけるもっとも重要な変更は、⑤の「共同軍事行動」が加わったことでした。旧安保時代（３０４ページの図）はまだ「在日米軍への戦争協力」（「吉田・アチソン交換公文」が法的根拠）だけですんでいた指揮権上の義務（上向きの矢印）が、安保改定によって最上段まで伸びて、「統一指揮権（統一司令部）のもとでの自衛隊の共

米軍の法的支配の構造（新安保条約の時代）

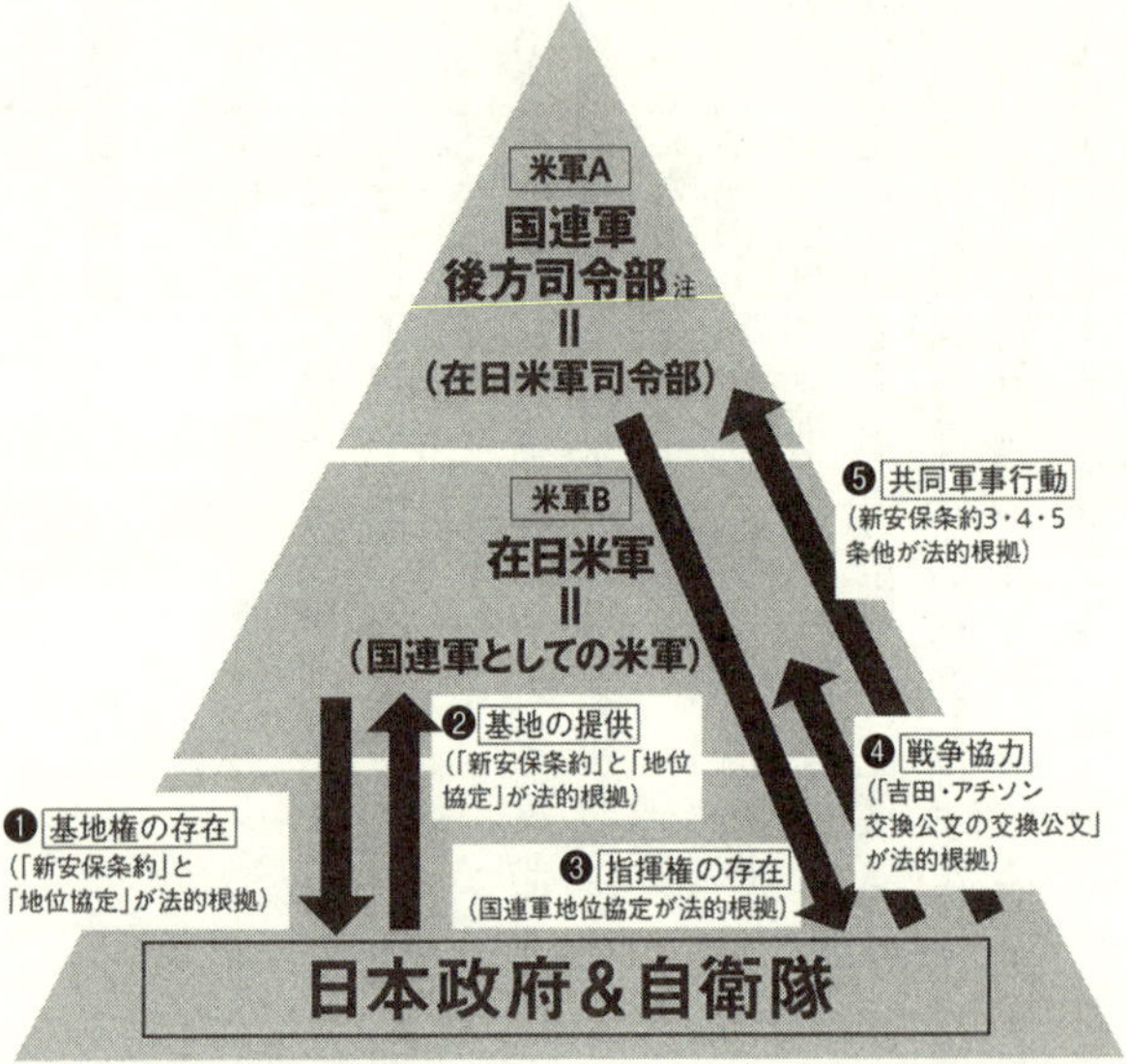

（注）1957年7月に米軍の世界戦略上の再編にともない、極東米軍司令部が廃止され、その指揮権はハワイにある太平洋軍司令部に、「朝鮮国連軍司令部」は韓国に移動することになります。しかし同時に、神奈川県のキャンプ座間内に「朝鮮国連軍後方司令部」が設置され（その後、2007年11月に東京都の横田基地内へ移動）、「在日米軍司令部＝国連軍司令部」という法的フィクション（国連軍後方司令部は構成員わずか4名）が維持されることになりました。

また、横田（東京）、座間、横須賀（以上、神奈川）、佐世保（長崎）、嘉手納、普天間、ホワイトビーチ（以上、沖縄）の主要米軍7基地は、同地位協定にもとづく国連軍基地としての法的地位ももつことになり、「在日米軍基地＝国連軍基地」というダレスの「43条と106条のトリック」が法的に完成するかたちとなりました。

同軍事行動」が可能になったということです。
その新しい関係の法的根拠となったのが、186〜188ページのA〜Eにある、
「新安保条約（第3・4・5条）」（E①）
「安全保障協議委員会の設置に関する往復書簡」（E⑰）
「吉田・アチソン交換公文の交換公文」（E⑬）
「砂川裁判・最高裁判決」（D①）
という4つの法的な取り決めだったのです（「Dブロック」と「Eブロック」）。

新安保条約

安保改定を語るとき、「基地権」の問題については話がかんたんです。

旧安保条約時代に巨大な基地権を生みだす源《みなもと》となった第1条（「アメリカは米軍を、日本およびその付近に配備する権利をもつ」）の内容は、PART1でその基本パターンをご説明したとおり、

「見かけ《アピアランス》が改善された条文」＋「密約」

という「方程式」によって、すべて「新安保条約・第６条」[*15]に受けつがれることになったからです。

一方、旧安保条約では条約本文にまったく記載されていなかった「指揮権」については、新安保条約では、

第３条　⇩　再軍備と平時の軍事協力
第４条　⇩　協議制度の確立（事実上の統一指揮権の確立）
第５条　⇩　戦時の共同軍事行動

として、それぞれ条文化され、[*16]その法的構造が強化されることになりました。

こうしてあのマグルーダーが１９５０年に書いた、最初の指揮権条項である、
「戦争の脅威が生じたと米軍司令部が判断したときは、すべての日本の軍隊は、沿岸警備隊もふくめて、アメリカ政府によって任命された最高司令官の統一指揮権のもと

におかれる」

という内容（↓１５４ページ）が、ほぼすべて実質的に条文化されることになったわけです。

けれどもやはり、「米軍が自衛隊の指揮権をもつ」という核心部分についてだけは、どうしてもオモテの条文で明文化することができません。何度ものべてきたとおり、さすがにそれでは、だれがみても完全な「属国」ということになってしまうからです。

そこで第４条で、

「両国は軍事的な脅威が生じたときは、相手国の要請があればいつでも協議しなければならない」

という義務をさだめ、そのために必要な協議機関を新たに設置することを決めたのです。

＊15　新安保条約　第６条

日本国の安全に寄与し、ならびに極東における国際の平和および安全の維持に寄与するため、**アメリカ合衆国は、**その陸軍、空軍および海軍が日本国において**施設および区域を使用することを許**

される。

前記の**施設および区域の使用ならびに日本国における合衆国軍隊の地位は**（略）行政協定（略）に代わる別個の協定**（＝地位協定）および合意される他の取り決め（＝日米安保協議委員会や日米合同委員会での密約）により規律（＝決定）される。**

＊16　新安保条約　第3条

締約国は、個別的におよび相互に協力して、継続的かつ効果的な自助および相互援助により、武力攻撃に抵抗するそれぞれの能力を、憲法上の規定に従うことを条件として、維持し発展させる。

同　第4条

締約国は、この条約の実施に関して随時協議し、また、日本国の安全または極東における国際の平和および安全に対する**脅威が生じたときはいつでも、いずれか一方の締約国の要請により協議する。**

同　第5条

各締約国は、日本国の施政の下にある領域における、いずれか一方に対する武力攻撃が自国の平和および安全を危うくするものであることを認め、自国の憲法上の規定および手続に従って共通の危険に対処するように行動することを宣言する。（略）

「安全保障協議委員会の設置に関する往復書簡」

その協議機関が、岸首相とハーター国務長官のあいだの「往復書簡」（E⑰）によってつくられた「日米安全保障協議委員会」でした。

みなさんは統一指揮権をめぐる１９５２年の行政協定の交渉のなかで、のちに長く国務長官（１９６１〜69年）をつとめることになる切れ者のラスクが、「指揮権」についてはむりやり条文に書きこむよりも、「きちんとした権限をもつ日米の責任者どうしが、直接顔をあわせて協議する体制」をつくったほうがよいと話していたことをご記憶でしょうか（↓１４０ページ）。

その後、岸が政権についた１９５７年の８月には、日本側は外務大臣と防衛庁長官、アメリカ側は駐日大使と太平洋軍司令官（代理：在日米軍司令官）をメンバーとする「日米安全保障委員会」が設置されることになりました。安保改定では、その名称を「安全保障協議委員会」に変更して、新安保条約にもとづく正式な協議機関としたのです。

その第１回めの会議は１９６０年９月８日に外務省で開かれ、日本側は小坂《こさか》外務大

シュレジンジャー元国防長官（1929-2014）。ニクソン政権およびフォード政権下で国防長官をつとめた

臣と江崎《えさき》防衛庁長官、アメリカ側はマッカーサー駐日米大使とフェルト太平洋軍司令官が出席しています。日米安全保障協議委員会の議事録はほとんど公開されていないのですが、**この第1回会議については新原昭治さんが発掘された資料によって、富士演習場問題が話しあわれたことがわかっています**（The National Security Archive, JAPAN AND THE UNITED STATES, 1960-1976）。

日米安全保障協議委員会の「防衛協力小委員会」が、実質的な「日米統一司令部《ユニファイド・コマンド》」となった

この委員会は、ふだんは「随時（from time to time）」会合をもつとされており、当初は年に1度とか、2、3年に1度しか開かれないという時期もあったようです。

しかし、日本との共同軍事行動に前向きだったシュレジンジャー国防長官の働きかけもあり、1976年7月8日の第16回・日米安全保障協議委員会で、日米の作戦調整機関としての「日米防衛協力小委員会」の設置が決まったあとは、その重要性が急速に高まっていくことになりました（同小委員会の第1回会合は8月30日におこなわれました）。

というのも、その後、この「日米防衛協力小委員会」こそが、統一指揮権《ユニファイド・コマンド》をもった実質的な「日米統一司令部」としての機能をはたすようになり、１９７８年、１９９７年、２０１５年の３度のガイドライン（「日米防衛協力のための指針」）なども、ここでつくられていくことになったからです。

そして安保条約改定30周年となる１９９０年の12月には、アメリカ側のメンバーが国務長官と国防長官に格上げされ、以後、「２＋２《ツー・プラス・ツー》」（外務・防衛担当閣僚会議）の略称のもとに、軍事問題における主役の座を、駐日大使や日米合同委員会から奪いとっていくことになったのです。

コラム8 「指揮権」と「防衛協力（戦争協力）」の関連年表

（指は「指揮権」関係、防は「防衛協力（戦争協力）」関係）

警察予備隊の創設	１９５０年８月10日	指 防
吉田・アチソン交換公文	１９５１年９月８日調印 １９５２年４月28日発効	防

日米行政協定・第24条	1952年2月28日作成 同年4月28日発効	指 防
※以下、（白地）は「国連憲章の法的空白期間」		
1度目の口頭密約	1952年7月23日	指
保安隊の設置	1952年10月15日	指 防
池田・ロバートソン会談	1953年10月5日～30日	防
2度目の口頭密約	1954年2月8日	指
国連軍地位協定 （吉田・アチソン交換公文にもとづく）	1954年2月19日調印 同年6月11日発効	指
日米相互防衛援助協定（MSA協定）	1954年3月8日調印 同年5月1日発効	防
自衛隊の創設	1954年7月1日	指 防
国連加盟（80番目の加盟国）	1956年12月18日	
日米安全保障委員会の設置 （同年6月21日の「岸・アイゼンハワー共同声明」にもとづく）	1957年8月6日	指
新安保条約（第3・4・5条）	1960年1月19日	指 防

日米安全保障協議委員会《ツー・プラス・ツー》の設置　1960年1月19日　指
（「新安保条約第4条と「岸・ハーター往復書簡」にもとづく）

「日米安全保障協議委員会」第1回会合　1960年9月8日　指
（日本側が外務大臣・防衛庁長官、アメリカ側が駐日アメリカ大使・アメリカ太平洋軍司令官／1990年からアメリカ側も国務長官・国防長官）

同委員会による防衛協力小委員会の設置　1976年7月8日　指　防
（事実上の統一司令部　日米安全保障協議委員会・第16回会合で決定）

同小委員会による
「ガイドライン（日米防衛協力のための指針）」の作成　1978年11月27日　指　防

日米安全保障共同宣言　21世紀に向けての同盟　1996年4月17日　防

ガイドラインの改定（第2次ガイドライン）　1997年9月23日　指　防

日米同盟　未来のための変革と再編　2005年10月29日　防

第1次安倍政権　2006年9月26日〜2007年9月26日

日米政府が「動的防衛協力」で合意	２０１２年５月１日	防
第２次安倍政権	２０１２年12月26日～	
ガイドラインの再改定（第３次ガイドライン）	２０１５年４月27日	指 防
安保関連法の成立	２０１５年９月19日	指 防

「吉田・アチソン交換公文の交換公文」

けれども安保改定交渉において、国務長官になっていたダレス（１９５３年１月～１９５９年４月）がもっとも神経をとがらせていたのは、実はそうした新安保条約の本文ではなく、「吉田・アチソン交換公文」だったのです。その証拠にダレスは、安保改定交渉が正式にスタートする直前、部下であるマッカーサー駐日大使に対して、
「新安保条約の締結によって、吉田・アチソン交換公文は影響を受けないということを、岸に対して確認せよ」（１９５８年９月29日）
と、きびしく命令していました。
この「吉田・アチソン交換公文」という「戦争支援についての不平等条約」が、そ

れほど重大な意味をもつ法的な取り決めであることを、現役の外務官僚もふくめてすべての日本人は、よく知っておく必要があるでしょう。

ダレスから命令をうけたマッカーサー大使は、当初「吉田・アチソン交換公文」は平和条約の付属文書なので、安保条約の改定には影響されないというロジックで、藤山外務大臣を説得しようとしました。

　これはいまふりかえってみても、恐ろしい話です。平和条約を破棄することは、国際法上は戦争状態にもどるということを意味していますから、もし平和条約とリンクするかたちで条文が改定されていたら、この「戦争支援についての不平等条約」を解消することは、非常にむずかしくなっていたでしょう。

　しかし、それはいくらなんでも無理な話で、同文書はもともと１９５１年２月の第一次交渉のときに、アメリカ側が「旧安保条約[*17]の付属文書」として提案してきたものです。ですから日本の国会にも旧安保条約の一部として提出され、批准されていたのです。

　そのため、さすがのマッカーサー大使も藤山を説得することはできず、代わりにこの交換公文についての交換公文をつくることで、その内容がひきつづき有効であることを確定させるという方法をとることにしました。

それが、岸首相とハーター国務長官（1959年4月22日就任）のあいだでかわされた、「吉田・アチソン交換公文の交換公文」だったのです。

*17　その時点では「集団的自衛のための日米協定」

交換公文の改定がもたらしたもの

そのなかで新しく日米で合意された重要な点は、つぎの2点でした。

①「吉田・アチソン交換公文」は、「国連軍地位協定」が効力をもつあいだ、ひきつづき効力をもちつづける。

②国連軍統一司令部のもとにある米軍の、日本における基地の使用や法的地位は、新安保条約にしたがってむすばれる取り決め（＝地位協定他）によって決定される。

①の合意により、本来、旧安保条約の付属文書だったはずの「吉田・アチソン交換公文」は、「国連軍地位協定」とセットの独立した条約としての性格を強め、**今後日本が安保条約をどう変えようと、たとえ終了させようと、現在まだ法的には「休戦中」である朝鮮戦争が正式に終結しないかぎり、効力をもちつづけることになりました。**「国連軍地位協定」が終了するのは、朝鮮にいるすべての国連軍[*18]が撤退する日から「90日以内」と、条文でさだめられているからです。

また②の合意により、国連軍地位協定の「合意議事録」に書かれていた、「国連軍司令部（米軍A）」は、「国連軍地位協定」によって駐留し、「在日米軍（米軍B）」は「行政協定（＝地位協定）」によって駐留するというあのめちゃくちゃな法的トリックも、新安保条約の正式な付属文書のなかに明記されることになったのです。

つまりこの「吉田・アチソン交換公文」という、だれも知らない取り決めが実現したことは、

「朝鮮戦争が平和条約をむすんで正式に終了しないかぎり、日本のアメリカに対する軍事面での完全隷属状態（＝「法的怪物」状態）は永遠につづく」

ということだったのです。

*18　１９５０年の国連決議によって駐留する朝鮮国連軍をさしていますが、日本と同じく、その実態は１９５３年の米韓相互防衛条約によって駐留する在韓米軍です。

砂川裁判・最高裁判決

そして安保改定の最後の仕上げが、この「砂川裁判・最高裁判決」でした。

私は２００８年４月に新原昭治さんが秘密文書を発掘したこの「戦後最大のスキャンダル」を、２０１０年になって、米軍基地の問題を調べはじめてから知りました。

その後、自分の本でも「〈戦後再発見〉双書」でも、長い文章を書く機会があれば毎回必ずこの問題にふれてきましたが、今回「基地権」と「指揮権」の問題をここまでたどったことで、自分がこの事件のもつほんとうの意味を、実際のところはよくわかっていなかったのだということを痛感したのです。

この事件をまったくご存じないかたのために、その概略をご説明しておきます。

砂川とは当時、米軍立川基地（東京）のあった場所の名です。

1957年7月、この米軍立川基地の拡張工事をめぐって、反対派のデモ隊が基地の敷地内に数メートル入ったことを理由に、刑事特別法（在日米軍に関する問題について、特別の罰則や刑事手続を定めた法律）違反で23人が逮捕、うち7人が起訴されました。

1959年3月30日、この事件の一審判決で東京地裁の伊達《だて》秋雄《あきお》裁判長は、在日米軍は、日本が憲法9条2項でもたないことを定めた「戦力」に該当するため、その駐留を認めることは憲法違反である。したがって、在日米軍に対して特別な法的保護をあたえる刑事特別法に合理的な根拠はないとして、被告全員を無罪としました。在日米軍を真正面から「憲法違反」であるとしたこの判決が、その後の60年安保や70年安保の原点にもなったとされる、有名な「伊達判決」です。

米軍の駐留が違憲か合憲かを、司法がどう判断するかで注目された「砂川事件」。この裁判で「高度の政治性をもつ問題については、司法は判断できない」という最高裁の判決が出されたことにより、以後、政府が違憲行為をおこなっても国民がそれをストップできないというきわめて深刻な影響をもたらすことになった

ところがその後、アメリカ側の工作によってこの判決は同年12月16日に最高裁でくつがえされてしまうのです。その理由は、**翌年に予定され**

ていた安保改定に影響が出ることをおそれたマッカーサー駐日大使が、判決の年内破棄をめざしてはげしい政治工作を展開したからでした。

田中耕太郎（1890-1974）。第２代最高裁長官。
砂川裁判の公判中にマッカーサー駐日大使と連絡をとりながら、アメリカ側の望む内容の判決を出した

まず、問題の一審判決が出た翌日、マッカーサー大使はすぐに藤山外務大臣を呼び出して、裁判の期間を短縮させるため、東京高裁を飛び越えて直接、最高裁に上告するように指示します。

さらにその後は、**田《た》中《なか》耕《こう》太《た》郎《ろう》・最高裁長官と情報交換をしながら裁判をコントロールし、同年12月16日に計画どおり、最高裁で一審判決を破棄させたのです。**

このとき最高裁判決のなかで示された、「安保条約のような国家の存立にかかわる高度の政治性をもつ問題については、裁判所は憲法判断ができない」（「日本版・統治行為論」）という判例によって、**以後、日本政府がいくら重大な違憲行為をおこなっても、国民が裁判によってそれをストップさせることが不可能となり、日本国憲法は事実上、その機能を停止してしまうことになった**のです。

ですから現在の日本では、権力側が腹をくくれば、国民の人権は一瞬で「合法的に」うばいとられてしまう。沖縄で、福島で、そしていま安保関連法をきっかけに日

本全体で起こりつつある憲法破壊の根源が、この駐日アメリカ大使の工作によって出された最高裁判決にあるのです。

いまはじめてこの説明を聞いたかたには、あるいはそれは現実離れした「犯罪小説」のストーリーのように聞こえるかもしれません。しかし残念ながら、これはすべてアメリカ側の公文書によって証明されたまぎれもない事実なのです。

この駐日アメリカ大使による日本の最高裁への政治工作という大事件については、すべてアメリカ側の公文書の写真をつけて、『戦後再発見双書』第3巻の『検証・法治国家崩壊』（吉田敏浩・新原昭治、末浪靖司著／創元社）のなかでくわしく紹介していますので、ぜひお読みいただければと思います。

判決の要旨

その大スキャンダルである最高裁判決の要旨は、次ページ（「コラム9」）のとおりです。

この判決は、大きくわけて、つぎのふたつのことをのべています。

①米軍の国内駐留は合憲である（「米軍駐留合憲論」第2項〜7項）。

②安保条約のような「わが国の存立の基礎に重大な関係をもつ高度の政治性をもつ問題」については、それが「一見きわめて明白に違憲であるもの」以外は、裁判所は憲法判断ができない（「日本版・統治行為論」8項〜9項）。

しかし、この判決には非常に奇妙な点があるのです。

というのは、まず要旨を読むとわかるように、全体で10項ある論点のうち、2項から7項までで、①の「米軍駐留合憲論」については議論が出つくしています。

そしてこの裁判は、米軍の駐留が合憲か違憲かをめぐって争われた裁判です。

ですから本来なら、2項から7項までの論点をのべたあと、

「ゆえに、日米安保条約にもとづく米軍の駐留は違憲とは認められない」

という判決だけを出せば、それでよかったはずなのです。

コラム9　砂川裁判最高裁判決・要旨

（最高裁判所判例委員会編「最高裁判所刑事判例集」第13巻第13号）

1 （略[*19]）

2 憲法第９条は、わが国が敗戦の結果、ポツダム宣言を受諾したことにともない、日本国民が過去におけるわが国の誤って犯すにいたった軍国主義的行動を反省し、政府の行為によって再び戦争の惨禍が起こることのないようにすることを決意し、深く恒久の平和を念願して制定したものであって、前文および第98条第2項の国際協調の精神と相まって、わが憲法の特色である平和主義を具体化したものである。

3 憲法第９条第２項が戦力の不保持を規定したのは、わが国がいわゆる戦力を保持し、みずからその主体となって、これに指揮権、管理権を行使することにより、同条第1項において永久に放棄することを定めたいわゆる侵略戦争を引き起こすことのないようにするためである。

4 憲法第９条はわが国が主権国として有する固有の自衛権を何ら否定してはいない。

5 わが国が、自国の平和と安全とを維持しその存立をまっとうするために必要な自衛のための措置をとり得ることは、国家固有の権能の行使であって、憲法はなんらこれを禁止するものではない。

6 **憲法は、右自衛のための措置を、国際連合の機関である安全保障理事会等のとる軍事措置等に限定していない**のであって、わが国の平和と安全を維持するためにふさわしい方式または手段であるかぎり、国際情勢の実情に則し適当と認められる以上、他国に安全保障を求めることをなんら禁ずるものではない。

7 **わが国が主体となって指揮権、管理権を行使し得ない外国軍隊は、たとえそれがわが国に駐留するとしても憲法第9条第2項の「戦力」には該当しない。**

8 **安保条約の如き、主権国としてのわが国の存立の基礎に重大な関係をもつ高度の政治性を有するものが、違憲であるか否かの法的判断は、純司法的機能を使命とする司法裁判所の審査に原則としてなじまない性質のものであり、それが一見きわめて明白に違憲無効であると認められないかぎりは、裁判所の司法審査権の範囲外にあると解するを相当とする。**

9 安保条約（またはこれにもとづく政府の行為）が違憲であるか否かが、本件のように（行政協定に伴う刑事特別法第2条が違憲であるか）前提問題となっている場合においても、これに対する司法裁判所の審査権は前項と同様である。

10 **安保条約（およびこれにもとづくアメリカ合衆国軍隊の駐留）**は、憲法第9条、第98条第2項および前文の趣旨に反して**違憲無効であることが一見きわめて明**

自であるとは認められない。（略）

＊19　この第1項は、当初、最高裁が「本件の審判を迅速に終結せしめる必要上」という理由で弁護人の人数を制限したが、のちに撤回した経緯について説明したものですので省略します。

完全に支離滅裂な最高裁判決

ところが、つづく8項と9項で、②の「日本版・統治行為論」という、最高裁の職責放棄そのものといったような、だれがみても問題のある「論理」をわざわざ展開し、そのうえで判決理由では、①と②の「論理」をミックスしたかたちで、東京地裁の一審判決は、

「裁判所の司法審査権の範囲を逸脱し（＝日本版・統治行為論）、同条項（憲法9条2項）および憲法前文の解釈を誤ったもの（＝米軍駐留合憲論）」

なので「破棄を免かれない」という、**完全に支離滅裂な理屈**をのべているのです（判決「全文」）。

だって、そうでしょう。

どうして「司法審査権の範囲を逸脱した（＝司法判断ができない）問題」について、「東京地裁はその憲法解釈を誤った」という判断を最高裁が下すことができるのですか！　これが自国の最高裁判所の判決かと思うと、ほんとうに悲しくなってしまいます。

だいたいよく考えると、

「『一見きわめて明白に違憲であるもの』以外は、裁判所は憲法判断ができない」という論理がまったくおかしいのです。じゃあ、その「一見きわめて明白に違憲」という判断は、いったいだれがどういう方法でおこなうというのでしょう。

統治行為論は始末する必要がある

私は２０１０年にこの「日本版・統治行為論」の存在と、それが駐日アメリカ大使の政治工作によって最高裁判決として出された経緯を知ってから、この「法理」を依然として支持しつづけている日本の法曹界に、深い絶望と不信の念をもちつづけてきました。日本人とは、そこまで論理的思考ができない国民なのかと悲しく思っていたのです。

けれども近年、状況は少しずつ変わりはじめているようです。なかでもつい数年前までは「ミスター東大法学部」そのものだったような長谷部《はせべ》恭《やす》男《お》・早稲田大学教授が、緊急事態条項の危険性についての講演のなかで、

「統治行為論は始末する必要があります」

「統治行為論を廃止するという憲法改正をおこなえば、たとえば安保関連法制の違憲性についても、裁判所がきちんと審議をして答えを出すということになるはずです」

と明言したことの意味は非常に大きい（２０１６年２月５日「立憲デモクラシーの会」主催シンポジウム）。

これは現在、暗闇のなかでもがきつづけている私たち日本人にとって、まさに一筋の希望の光のような発言だといえるでしょう。

長谷部さんは２０１５年の安保法案の問題でも、与党の参考人として国会に呼ばれたにもかかわらず、

「集団的自衛権の行使が許されるという点については、憲法違反だと考えております」

と堂々とのべて、その後、反対運動が全国規模でもりあがるきっかけをつくりまし

た（2015年6月4日／衆議院憲法審査会）。

若い世代の憲法学者のみなさんが、長谷部さんにつづいて勇気をもってこの問題に向かいあい、統治行為論を「始末」して、現在の日本の「法治国家崩壊状態」を正常化させる日がくることを、私は心から願っています。

なぜ、わざわざ支離滅裂な最高裁判決を出させたのか

話をもとにもどすと、なぜアメリカ側がこれほどめちゃくちゃな最高裁判決を出させる必要があったかといえば、そのウラには日米両政府によって合意された、明確な戦略があったからでした。そのことを裏づけているのが、マッカーサー大使が、ダレス国務長官にあてて送った次の公電です。

「日本政府が確信をもって予測しているように、**最高裁がこの一審判決を明確なかたちでくつがえすことができれば、（略）日本が自衛のために適切な措置をとる権利をもつことを、健全なかたちであきらかにすることになるでしょう**」（1959年4月1日／藤山外務大臣に直接最高裁へ上告するよう指示した翌日）

つまり、この裁判を逆に利用することで、違憲判決を出された「基地権」の問題をかたづけると同時に、日本自身の軍事行動、すなわちアメリカがこれまでずっと手こずってきた「指揮権」のジャンルの問題も、あわせてかたづける決意をかためたということです。

私が先ほど、これまで何度も自分で本に書いてきたにもかかわらず、この砂川判決のもつほんとうの意味がよくわかっていなかったといったのは、ここのところです。

つまりこの最高裁判決は、本書でここまでのべてきた「基地権」と「指揮権」の両面で、米軍が日本を軍事利用する権利を完成させる意味をもっていた。そしてマッカーサー元帥が１９４６年に書いた日本国憲法の安全保障条項（第９条）を、ダレス・モデルにしたがって「再定義《リデフィニション》」し、「占領下の戦時体制」を法的に固定する役割をもっていたということなのです！

再定義された日本国憲法

そういう視点から読みなおしてみると、先ほどスルーしそうになった①の「米軍駐

留合憲論」（要旨の第2項～7項）の部分でも、

「日本には自国を防衛する権利がある」（第4・5項）

「その自衛の方法は**国連安保理の軍事行動だけに限られてはいない**」（第6項）

「憲法9条は、日本が過去の軍国主義を反省し、日本政府が再び戦争を引き起こさないために制定されたものである」（第2項）

「したがって**9条2項で保持を禁じられている『戦力』とは、日本が指揮権と管理権をもって再び侵略戦争を引き起こすような軍事力ということ**である」（第3項）

というように、日本国憲法の「マッカーサー・モデル」から「ダレス&マグルーダー・モデル」への転換がはかられていることがわかります。とくに第3項でのべられている、

「日本がもつことを禁じられているのは、みずからが指揮権をもって他国を侵略するような軍事力のことだ」

という点は重要です。

この定義にしたがえば、自衛隊がたとえ核兵器をもっても、海外へ派兵されても、

指揮権が米軍にあるかぎりは違憲ではないということになるからです。

こうした「米軍駐留合憲論」というイカサマ理論の骨子は、アメリカ国務省きっての理論家で、国際法学者でもあったジョン・B・ハワード国務長官特別補佐官によって考えだされたものですが、それが本書にも登場するジョン・アリソンなどの工作によって日本へもちこまれた経緯については、末浪靖司さんのアメリカ側公文書の研究によって、ほぼあきらかになっています（『対米従属の正体』）。

３人の最高裁判事の予言

そしてそうした日本国憲法の再定義、フルモデルチェンジという大きな戦略のために、本来この裁判にはまったく不必要だったにもかかわらず、わざわざ判決にとり入れられたのが「日本版・統治行為論」でした。

それが具体的に、どのような役割をはたすためにつくられた「法理」だったかは、判決の「全文」のなかに、すでにあらわれています。

というのはこの砂川裁判・最高裁判決では、①の「米軍駐留合憲論」については15人の裁判官全員が同意したのに対し、②の「日本版・統治行為論」については、３人の裁判官が左のように重大な異議をとなえていたのです（以下、要約）。

○奥野《おくの》健一《けんいち》（元大審院判事　参議院法制局長）と高橋《たかはし》潔《きよし》（第一東京弁護士会所属弁護士）の「意見」

「〔もし条約について憲法判断ができないとすれば〕**他国とのあいだで憲法に違反する条約を結ぶことにより、憲法改正の手続きをとることなく、容易に憲法を改正するのと同じ結果がえられるようになり、はなはだしく不当なことになる**」

○小谷《こたに》勝重《かつしげ》（元大阪弁護士会・会長）の「意見」

「〔もし条約について憲法判断ができないとすれば〕憲法96条の定める国民の承認に**よる改正手続によらず、条約〔の締結〕によって憲法改正と同じ目的を達成できることになり、理論上、三権分立の原則をそこね、基本的人権の保障に反する変更もできることになる。**日本国憲法は、はたしてこのような結論を認めているのだろうか」

この3人の言葉を聞いて、なにか思いあたることはないでしょうか。

「政府が憲法違反の条約を勝手にむすぶことで、正規の手続きをへることなく、実質

的な憲法改正をおこなうことが可能になる」

そうです。まさにこれこそが、２０１５年の安保法案の審議において、私たちの目の前でおこった出来事だったのです。

60年前に3人の最高裁判事が予言したとおり、この最高裁判決が下されたあと日本では、たとえば「日米合同委員会」や「日米安全保障協議委員会《ツー・プラス・ツー》」で非公式の政府間協定（＝密約）をむすんでしまえば、国民の意思に関係なく実質的な憲法改正をおこなって、三権分立の原則を無視することも、基本的人権を弾圧することも、自由にできるようになっているのです。

私たちはなぜ、このような光景を目にしなければならないのか

２０１５年9月に成立した安保関連法と、その採決をめぐる大混乱は、そうした日本社会にひそむ「ウラの掟《おきて》」の存在を、だれの目にもみえるかたちであきらかにしたものでした。

「日米安全保障協議委員会《ツー・プラス・ツー》」でアメリカとの軍事上の取り決め*[20]がすでにむすばれている以上、日本政府にとって、国会の審議も、憲法をめぐる議論も、デモによって示さ

れた国民の民意も、本質的にはほとんど意味をもたなかった。**それらはどんな異常な手を使ってでも、無視し、乗りこえるべき対象でしかなかったのです。**

その象徴が、法案成立の2日前（2015年9月17日）、参議院特別委員会でおこなわれた強行採決時の、「人間かまくら」とよばれるあまりにも異様な光景でした。

このとき委員会のメンバーではない多数の議員や議員秘書などが議場に乱入し、委員長席を立体的にとりかこむかたちでドーム状のバリアをつくって、法案に反対する野党議員の接近をブロックしたのです。

これは当日の午前から練習をくり返していた予定の行動で、強行採決の指揮をとった自衛隊出身の佐藤《さとう》正久《まさひさ》議員が、母校の防衛大学校の恒例行事である「棒倒し」からヒントを得て、内側に背の高い人物、外側に太った人物を配置し、円錐状の鉄壁のバリアをつくったのだそうです。

写真をみればわかるように、「人間かまくら」のなかにはほとんど光がさしこまないので、前もって委員長の手元をてらすためのペンライトまで用意したものの、結局大混乱のなか、採決を求める声は聞きとれず、速記録には「議場騒然」「聴取不能」と記載されただけでした。

ところがおどろいたことに、その後公開された議事録には、まったくの虚偽である

法案成立の２日前（2015年９月17日）、参議院特別委員会でおこなわれた強行採決時の、「人間かまくら」とよばれる異様な光景（上）、委員長の手元をてらすためのペンライト（下）（写真提供：共同通信社）

「議事経過」という文章が捏造《ねつぞう》されて書きくわえられており、法案は正常な手続きのもとで採決されたことになっていたのです！

＊20　２０１３年10月3日の「ガイドライン見直しの決定」と、２０１５年4月27日の「新ガイドラインの了承」を意味しています。

日本はなぜ、「戦争」を止められないのか

２０１５年9月17日、日本の国会の機能が完全に破壊されたこの日の出来事を、私たちはいったいどのように位置づければよいのでしょうか。

私は、それはこれまで、

「基地の問題＝沖縄」
「原発と被曝《ひばく》の問題＝福島」

というかたちで矮小化《わいしょうか》されてきた、日本という国のもつ根本的な歪《ゆが》みが、ついに、

「戦争の問題」

というかたちをとって、日本人全員の前に姿をあらわした瞬間だったと思っています。

「日本はなぜ、基地を止められないのか」
「日本はなぜ、原発と被曝を止められないのか」
「日本はなぜ、戦争を止められないのか」

これらの問題は、すべてひとつの大きな構造のなかにあり、同じ原因によって生みだされたものです。そしてその大きな構造の根幹に横たわっているのが、**まだ占領下にあった時代のアメリカへの戦争協力体制が、約70年後のいまも法的に継続しつづけているという、「戦後日本」の歪んだ国のかたちなのです。**

「占領下の戦時体制だけは、さすがにもうやめさせてほしい」といえばいい

もっとも、私は今回、日本のこうした歪んだ現状が、
「占領体制の継続」

ではなく、

「占領下の戦時体制（＝戦争協力体制）の継続」

なのだとはっきりわかったことで、逆にかなり明るい気もちになりました。

「なんだ、結局占領中の朝鮮戦争への協力体制が、だまされてつづいてきただけなのか。手品のタネは、わかってみれば、案外単純な話だったんだな」

と、ストンと胸に落ちるようになったからです。

あとはこの事実を多くの日本人が知り、怒り、きちんとした政権をつくって、

「占領下で始まった戦争協力体制だけは、さすがにもうやめさせてほしい」

と、アメリカに対して主張すればいいだけなのではないか。

ここまで不平等な条約の実態について、国民の認識が深まったとき、

「いや、ダメだ。このシステムは永遠につづけるのだ」

といえるアメリカの外交官が、はたしているだろうか。

「それでも日米関係は、いまのままが一番いいのだ」

といえる日本の政治家が、はたしているだろうか。

そう思えるようになったのです。

「サンフランシスコ・システム」は、もう終わらせなければならない

日本近代史研究の権威であるジョン・ダワー氏は、日本の独立後も継続したこの異常なアメリカへの軍事的従属体制を「サンフランシスコ・システム」とよび、それが生まれた背景について、こう説明しています。

サンフランシスコ平和条約をむすび、日本占領を終結させた当時のアメリカは、わずか6年前まで敵として戦っていた日本に対し、強い不信感をもっていた。ところが朝鮮戦争の勃発により、その信用できない日本を再軍備させて同盟国にしなければならないという深刻なジレンマをかかえることになったのだと。

「そのジレンマをアメリカは、日本を恒久的な軍事的従属のもとにおく米日の軍事同盟を構築することによって解決した。事実、占領終結時に両国がむすんだ**旧安保条約は、第2次大戦後、アメリカが各国とむすんだ条約や協定のなかで、もっとも不平等なものだった」**（"War without Mercy" Pantheon Books, 1986からの矢部訳）

この約30年前に書かれた本のなかで、ダワーさんは、

「そしてその軍事的な従属関係は、安保改定をへて現在までつづいているのです」

とまでは、書いていません。しかし最近の発言では、

「**岸首相は**たしかに有能な政治家ではありましたが、**従属的な日米関係〔＝サンフランシスコ・システム〕を固定化する土台を作った人だと私は考えています**」（「朝日新聞」２０１５年８月４日）

とのべていることから、その真意はあきらかです。このダワーさんの見解は、私がここまで本書のなかで追いかけてきた「密約の歴史」の実態と完全に一致しています。

さらにダワーさんは「戦争」の問題についても、

「〔日本にある米軍基地は〕朝鮮戦争や、ベトナムやカンボジア、最近もイラク戦争などで使われた。これらの戦争は必ずしも正義とはいえないのに、日本はつねにアメリカに従い、意見をいうことすらできなかった。**これでは将来、アメリカが世界で始める戦争に、日本は巻きこまれることになるでしょう。歴史家としてみると、これらのことはすべてサンフランシスコ・システムに起源があるのです**」（「朝日新聞」２０１２年10月30日）

とのべています。

日本をこよなく愛するダワーさんが、私たちに助言しつづけてくれているのは、

「アメリカへの全面的な軍事的従属体制であるサンフランシスコ・システムは、もう終わらせなければならない。そうしないと、今後アメリカが勝手に引きおこす不正な戦争に、日本は巻きこまれてしまうことになるでしょう」
ということなのです。

警察予備隊と立憲主義

ではそうした「サンフランシスコ・システム」を終わらせるために、私たちはなにをすればいいのでしょうか。アメリカと堂々と交渉できるようなきちんとした政権をつくり、戦争への道をくい止めるために、われわれ一般の市民はいったいなにをすればいいのでしょう。

いま重要なのは、やはり徹底的に事実にこだわり、その事実にもとづいて議論したうえで、新しい国のあり方についての国民的合意を形成すること。そのために必要なことは、みずからの理念をただ声高に語るだけではなく、実際の現場を知る人の意見に、よく耳をかたむけることだと思います。

みなさんは、ＰＡＲＴ２の最後に登場した、警察予備隊の創設責任者となったフランク・コワルスキー大佐のことをご記憶でしょうか。私は今回この本を書くなかで、さまざまな魅力的な人物と歴史のなかで出会うことになりましたが、「サンフランシスコ・システム」の成立から約70年がたったいま、日本人にとってもっとも価値のある提言を残してくれている人物は、このコワルスキー氏だと思っています。

かれの出身のコネチカット州は、別名「憲法の州」とよばれるほど、憲法についての意識が高い土地だそうです。その影響でしょうか、あるいは移民の子から下院議員にまでなった「アメリカン・デモクラシーの体現者」としての信念からでしょうか。コワルスキー氏はみずからが手がけた警察予備隊の創設に関し、マッカーサーと日米両政府がおこなった重大な「憲法破壊」について、非常にきびしく批判しているのです（以下、“An Inoffensive Rearmament”からの矢部訳）。

「**まずはじめに、アメリカの軍司令官〔＝マッカーサー元帥〕がつくらせた日本国憲法によって、日本は陸軍、海軍、空軍をもつことを禁じられていると、当時はわれわれすべてが考えていた。それにもかかわらず、日本政府に憲法違反の軍隊〔＝警察予備隊〕を組織させたアメリカはまちがっていた。**最近になって、日本国憲法は自衛のための戦力を禁じていないとか、憲法9条はマッカーサーやアメリカが強制したものではないという解釈が登場してきているが、いずれも説得力に欠けている」

「〔1947年に〕憲法が発布されてからの数年間、（略）憲法9条は再軍備を禁止する条項として日米双方に受けいれられていた。しかしこの見解は、1950年に日本から朝鮮へむけて占領軍が出撃したとき、完全に崩壊した」

「憲法〔9条2項〕による禁止と、〔自衛権も放棄しているという吉田首相の〕国会答弁[*21]があるにもかかわらず実行された、この警察予備隊の創設と再軍備をいくら正当化しようとしても、それは詭弁《きべん》以外のなにものでもない。（略）

　1946年にマッカーサーがおこなった高貴なる実験〔＝9条2項の制定〕は、4年後、朝鮮戦争の砲煙のなかで消滅してしまったのである」

「占領軍が日本に、永久に再軍備ができないような憲法をつくらせた以上、（略）アメリカは日本政府が憲法に違反することなく占領軍の命令を実行できるようにする義務を、日本と共同でもっていたはずである。アメリカが日本の保守政権と足並みをそろえて日本の憲法を無視した事実は、いかなる詭弁をつかっても正当化できるものではない」

「日米両国にとってきわめて重大な、日本の再軍備問題について、こうした原理原則のないやり方をとったことは、アメリカン・デモクラシーを大きく傷つける行為だった」

＊21　第90回帝国議会（１９４６年６月26日）での吉田首相の発言。**「戦争放棄に関する本案の規定は、**直接には自衛権を否定はしておりませぬが、第９条第２項においていっさいの軍備と国の交戦権を認めない結果、**自衛権の発動としての戦争も、また交戦権も放棄したものであります」**

コワルスキー氏が語る「ほんとうの正論」

このようにコワルスキー氏は、みずからの創設した警察予備隊が、

「１９４６年にマッカーサーがおこなった高貴なる実験（＝憲法９条２項）が、４年後の朝鮮戦争によって消滅した結果、つくられたものであること」

「その過程でおこったきわめて重大な『憲法破壊』に対し、マッカーサーも日米両政府も、なんの原理原則もなく、ただ詭弁をつかってごまかしたこと」

について、事実と論理にもとづき、真正面から堂々と批判しているのです。


　こうしたかれの意見がなぜいま、私たち日本人にとって貴重かといえば、日本の言論空間というのは、いまでもまだ基本的に冷戦構造がのこされたままなので、憲法や

軍事の問題については議論する前から、その人の政治的立場によって結論がすでに決まっていることが多い。現実の経験に立脚したうえで、事実と論理にもとづいて議論することが、いまでも非常にめずらしいからです。

たとえばつぎのような重大な問題を、日本の国会議員や大手メディアはこれまで一度でもとりあげたことがあるでしょうか。

「**日本が戦争に敗れ、国民が悲惨な経験を味わったのは、大日本帝国の軍隊の指導者が道を誤ったからである。**

にもかかわらず、戦後の新しい軍隊の将校の資格や人選の基準、昇進の要件および訓練方針といったきわめて重要な問題が、日本では一度も国会で討議されたことがない。おおやけに議論されたこともない。将校の資格や養成についての問題は、すべて内閣の決定にまかされている。**言いかえれば、政権与党が好きなようにできるのである。**

アメリカではすべての将校の任官および昇進は、上院の確認を必要とすることになっている。その結果、民主党にも共和党にも、新しく任官する士官候補生の資格や素養（略）、過去の成績などを検討する機会があたえられている。**しかし日本の国会にはそのような権限はない**」

結局、民主主義とは、どのようにして軍部をコントロールするかということ

ここまで戦後の日米間の軍事についての歴史をたどってきて、なにより痛感させられるのは、このコワルスキー氏の言葉にもあるように、

「結局、民主主義とは、どのようにして軍部をコントロールするかにつきるのだな」

ということです。

国家にとってもっともむずかしいその問題を、日本は約70年にわたってアメリカに丸投げし、ただ経済面だけの発展に力を注いできてしまった。その路線が冷戦期に経済的大成功をおさめたため、

「日本は繁栄と引き換えに、身動きできなくなってしまったのです。そして、そのまま現在にいたり、打開策を見いだすことが困難になっているのです」（ジョン・ダワー同前）

そして軍事に関する問題をすべてアメリカまかせにし、国民から見えない密室で処理しつづけたことが、日本からのシヴィリアン・コントロールも、アメリカからのシヴィリアン・コントロールもかかりにくい、在日米軍という「**法的怪物**《ジュリディック・モンスター》」を生

みだしてしまった。

ジョン・ダワーさんも書いているとおり、もっとも悲しむべき出来事は、世界がアメリカを見放すきっかけとなったイラク戦争を、アメリカ政府は日本占領モデルでやったということです。[*22] 日本のあまりにも従属的な態度、**「法的怪物」**としての成功例が、立憲主義の祖国であるアメリカのデモクラシーを傷つけ、アメリカ自身を「ニセ国連軍（43条と１０６条のトリック）」を武器とする新しいタイプの軍事帝国（基地帝国）へと変貌させてしまった。

ですからこの**「サンフランシスコ・システム」を終わらせ、戦争へむかう道をくい止めるために私たちに必要なのは、専守防衛で絶対に先制攻撃をしない最小限の武力をもち、それに国会を中心とした国民全体でシヴィリアン・コントロールをかけるということ。そのための体制を自分たち自身で構築するということなのです。**

現在の日本では不可能にも思えるかもしれませんが、ほかの国ではどこでも普通にやっていることです。私たち日本人にだけできないということは、論理的に考えて絶対にありえないのです。

＊22　『忘却のしかた、記憶のしかた』（ジョン・W・ダワー／岩波書店）

私たち自身の手で、「サンフランシスコ・システム」を終わらせるときがきている

機密解除された公文書を読んでいるとよくわかるのですが、アメリカのエリートたちはほんとうに優秀で、とくに政府にはおどろくほど頭脳明晰な人材が集まっている。しかしその一方、かれらもまた、あらゆる国民がそうであるように大きな弱点ももっています。

その代表が「アメリカ例外主義《アメリカン・エクセプショナリズム》」という「思想」です。ここにはやはり、かれらの最大の弱点である「歴史経験の短さ」が典型的にあらわれているのです。

「アメリカ例外主義」、それは人間にたとえると「3歳の幼児の論理」だからです。

もちろんアメリカは特別に重要で、例外的な国だとかれらが主張することは正しい。

しかしそれは、どの国も自国についてそう主張する権利があると知っているのが「大人の国」というものです。

「いーや、ちがう。アメリカだけはそういうレベルではなく、ほんとうに世界で一国

だけ、特別に重要で、例外的な国なのだ」

　これはまさに幼児の論理にすぎないのです。

　けれどもその「アメリカ＝特別」「アメリカ＝国連」というフィクションを、世界でただ一国だけ、条約（「日米安保条約」と「日米地位協定」および「吉田・アチソン交換公文」と「国連軍地位協定」）をむすんで認めてしまった日本。その長い倒錯の歴史が引き起こした、イラク戦争という、アメリカによる国連の理念の完全な破壊。アメリカ自身の法的怪物《ジュリディック・モンスター》への変貌。

　この一連のプロセスは、だれかの陰謀によってもたらされたものではありません。アメリカの陰謀でも、米軍の陰謀でもない。むしろ日本人も、アメリカ人も、歴史的偶然のなかで生まれたその歪んだ軍事的従属体制の犠牲者なのです。

　いまや世界に害悪だけしかもたらしていない「サンフランシスコ・システム」を、私たち自身の手で終わらせるときがきているのです。

200万人の人びとが手をむすんでつくった、640kmにおよぶ「人間の鎖」(エストニア、1989年8月23日)。

あとがき

独立のモデル

私たちは、なにを選択すべきなのか

独立のモデル

いま、私たちの目の前には、ふたつの「独立のモデル」があります。

①憲法改正によって米軍を完全撤退させた「フィリピン・モデル」
②東西統一とEUの拡大によって国家主権を回復した「ドイツ・モデル」

フィリピンもドイツも、どちらも現在の日本と同じように、アメリカとの従属的な関係に苦しみながら、またアメリカが第2次大戦後、「基地帝国」という新しいタイプの帝国に変貌していくなかで、必死になって「独立のモデル」を模索した国でした。

どちらのモデルがいいかは、そのときの状況によるでしょう。もちろん、そっくりそのままつかえるはずもありません。たいせつなのはそれぞれのケースの正確な歴史を知り、研究・分析して、交渉のカードとして準備しておくことです。

フィリピン・モデル――「米軍撤退条項」と「加憲型」の改憲

このモデルについては、少し話が長くなります。

私は２０１４年に書いた『日本はなぜ、「基地」と「原発」を止められないのか』のなかで、憲法改正によって１９９２年に駐留米軍を完全撤退させた、このフィリピンのケースをご紹介しました。そしてその「フィリピン・モデル」にしたがえば、論理的に考えて憲法９条２項の修正案はこうなりますという条文も書きました。

すると思いもかけず、おそらく人生の大先輩と思われる読者のみなさんから、多くのお手紙をいただくことになったのです。

その内容をかんたんにまとめると、

「あなたが本に書いている歴史的事実のなかには知らないこともあり、勉強になったこともあった。しかし、あまりにも軽率に憲法９条２項を変えろといいすぎている。戦後、無数の人びとが心血をそそいできた平和運動への敬意が、決定的に欠けているのではないか」

というものでした。

私は序章でもふれたように、もともとまったくのノンポリで、たった8年前にはじめて沖縄の米軍基地問題を調べはじめた人間です。なので、平和運動の歴史についてあまりにも無知だということは、自分でもよくわかっていました。

さらにそうしたお手紙のいくつかが非常に長文で、こころにうったえかけてくるものがあったので、その提言をうけ、いわゆる「右派」からではない改憲論の歴史を少し調べてみたのです。

日本の憲法改正は、アメリカ型の追加条項方式でやるしかない

その結果、わかったことがありました。

もちろん私には言論の自由があります。また本を書く以上、どんな批判もおそれず「自分に見えた世界」を書ききるという、読者に対しての責任もあります。

しかしこの憲法改正の問題についてだけは、ストレートに、

「この条文を削除して、新しくこう変えろ」

という主張のスタイルは、あまり適当ではなかった。そのことがわかったのです。

私が調べた範囲では、その問題についていちばんまとまった議論をされていたの

が、法政大学名誉教授の江橋崇《えばしたかし》さんでした。

江橋さんは長年、ベトナム反戦運動や平和運動にかかわってこられた憲法学者で、議論そのものとしては、

「これまでの憲法改正の是非論は、どちらかといえば思想上の争いであった。戦後の体制に恨みをいだく信念としての改憲派と、みずからの主観的な憲法解釈を客観的な憲法そのものと考えている信念としての護憲派の思想がぶつかっている」（『市民主権からの憲法理論』生活社　以下同）

などという、まさにストレートな物言いをされるかたなのですが、日本の憲法改正のやり方については、アメリカ型の追加条項方式（＝増補型改正）しかない。つまり、

「現行憲法の本文はそのまま残したうえで、修正条項《アメンドメンツ》を追加していく方法」

しかないということを、くり返し主張されています。[*1]

*1　内容ではなく、この改正方法の手法そのものは、２００２年に公明党が党大会で打ちだした「加憲」と同じであると、江橋さんはのべています。

憲法の条文の削除は、歴史そのものの削除である

「アメリカでは、憲法の文章は歴史の産物であり、それを削除することは、自分たちの先祖が作ってきた歴史を削除することにほかならない、という認識がある。なるほどと思う」

「この方式には、かつて自分たちの先祖がつくったすばらしい憲法は、基本的な内容においてはいまも適切であるという自負もあらわれている。（略）歴史的事実を抹消しないという、歴史に対する責任の自覚もある」

つまり、その時代時代で最良の「民族の理想」として選びとられてきた憲法条文を論じるにあたっては、いわば神を論じるときにも似た、細心の注意と共同体の歴史への敬意が必要だったのではないか。

江橋さんの追加条項型の憲法改正論を読んで、素直にそう思いました。

さらに江橋さんは長年、平和運動の現場で「護憲派」や「論憲派」「創憲派」といった、さまざまな立場の意見をとりまとめる苦労をした経験から、この追加条項方式のメリットについて、

「広い合意のできた部分から改正することになるから、憲法典〔＝成文憲法〕の漸進《ぜんしん》的な改正、改良に適している。また、条文の削除という、後ろむきで、しかもその条文を支持している市民グループの頑強な抵抗を引き起こさずにすむことも大きい」

「〔この追加条項方式こそは〕多様な価値観が存在する実際の政治状況において、民主的にことをはこぼうとするならこの形しかないという、アメリカやイギリスの立憲主義の苦心の産物であったことに気づかされた」

とのべています。

ダレスの「43条と１０６条のトリック」を逆回転させるかたちでの改憲案

そうした視点から考えなおしてみると、憲法改正で１９９２年に駐留米軍を完全撤退させた「フィリピン・モデル」の場合、「加憲型の改憲案」は、たとえば次のようなものになります。本書で説明したダレスの「43条と１０６条のトリック」を逆回転させ、サンフランシスコ・システムの呪縛を解くための条文案を考えてみましたので、どうか読んでみてください。

日本国憲法　第9条

（1項）日本国民は、正義と秩序を基調とする国際平和を誠実に希求し、国権の発動たる戦争と、武力による威嚇又は武力の行使は、国際紛争を解決する手段としては、永久にこれを放棄する。

（2項）前項の目的を達成するため、陸海空軍その他の戦力は、これを保持しない。国の交戦権は、これを認めない。

（修正第1条）**国際連合による日本およびその周辺の平和と安全のための措置が効力を生じるまで、**敵の侵略を自国の施政下の領域において撃退するための最小限の軍事力と交戦権は保持する。

（修正第2条）2025年以降、自国の領域内における外国軍基地、軍隊および施設は許可しない。この改正された憲法の規定に反する他国との取り決めはすべて破棄する。そのための憲法判断は最高裁判所がおこなう。

（修正第3条）核兵器の製造、保有、自国の領域の通過と、原発の稼働は許可しない。

自分たちには、政治についての自己決定権がある。だから、あきらめる必要はない

もちろん、このとおりやれということではありません。また、いますぐ安倍政権のもとで改憲に着手しろといってるわけでも、もちろんありません。

この憲法改正案を書くことで私が主張したいのは、

「私たちはあきらめる必要はないのだ」

ということなのです。

自分たちには政治についての自己決定権がある。自分たちの好きな国のかたちを、自分たちで決める権利がある。そしてそれは何度もいうとおり、たしかに困難ではあるけれど、日本以外の国ではどこでもふつうにやっていることだということです。

そして、たとえば２０２５年の米軍撤退という期限についても、

「ちょっと早すぎるから、２０３５年でもいいんじゃないか」

という人には、

「それならいっそ、15年という期限を決めてアメリカに安全保障（＝軍事権と一部の外交権）を委託している、南洋諸島型の『自由連合盟約《コンパクト》』をむすんだほうがいいんじ

ゃないでしょうか。そのほうが政策の透明性が確保され、少なくとも沖縄や福島でおきているような重大な人権侵害や、今後予想される、自分たちが知らないうちに戦争の当事者になってしまうような危険性はなくなります」

といいたい。そして、

「2045年でもいいんじゃないか」

という人には、一度ご自分の胸にこう問いかけてみることをおすすめしたいのです。

「100年間、外国軍に占領をつづけてほしいと思っている自分は、なにか根本的なところで思いちがいをしているのではないだろうか」と。

ドイツ・モデル――朝鮮半島での平和条約締結と朝鮮国連軍の消滅

一方、昨年（2018年）3月に突如として始まった、朝鮮半島における劇的な緊張緩和を考えると、もっとも遠回りのように思えていたこのドイツ・モデルが、いま一番現実味を持ち始めているともいえます。

本書でくわしくご説明したとおり、現在の異常なまでの日本の対米従属状態の根幹にあるのは、「いまから約70年前の朝鮮戦争の過程で生まれた、占領下における戦時体制」、いわゆる「朝鮮戦争レジーム」だからです。ですから現在の東アジア情勢は日本にとって、まさに半世紀に一度あるかないかの大チャンスといえるのです。

朝鮮半島において、少なくとも平和条約（終戦協定）がむすばれれば、朝鮮国連軍も国連軍地位協定も法的な根拠を失います。在日米軍も在韓米軍も、そもそも駐留を開始した口実がなくなってしまう。

万一、部分的な駐留が継続された場合でも、ドイツのように国内法を厳格に適用して、米軍の行動に厳重なしばりをかけることもできるようになります。

なので今後の日本の基本的な外交戦略としては、朝鮮半島での南北融和と非核化が進むプロセスのなかで、最終手段としての「フィリピン・モデル」を武器として片手にもちながら、あきらかな不平等条約（「新安保条約」「日米地位協定」「吉田・アチソン交換公文の交換公文」「国連軍地位協定」「無数の軍事上の密約」など）の解消をねばり強く交渉していくという方向になります。

このモデルの最大のメリットはもちろん、アメリカと真正面から対立しないですむというところです。

ドイツ統一の経済的な側面でおきたのは、人口１６００万人の東ドイツのもつ膨大な資産《リソース》が、「超先進国」である西ドイツの基準で再評価《リアセスメント》されたという出来事でした。それにより生まれた巨大な利益のかなりの部分は、アメリカ資本の手にわたったと考えられています。

もちろん朝鮮半島の融和もしくは連邦化が生みだす巨大な富（北朝鮮の人口は２５００万人、その鉱物資源の豊かさは世界でも指折りとされています）は、すべて朝鮮半島で暮らす人びとの手にわたることが理想ですが、実際に戦争というプロセスをへることなく融和や連邦化が実現するためには、ある程度そうした要因が必要となることは避けられません。

そのとき東アジアに戦争ではなく、平和と繁栄をもたらすために日本がおこなうべきことは、朝鮮半島における「平和条約の締結」や「連邦化」のために政治的にも資金的にも大きく貢献し、韓国・北朝鮮とアメリカ・中国・ロシア・日本が、いずれもウィン&ウィンの関係になれるような具体的シナリオを、いくつも考えだすことではないでしょうか（韓国の文在寅《ムンジェイン》大統領の提唱する「東アジア鉄道共同体」はそのもっとも有望なプランのひとつです）。

つまり、韓国・北朝鮮は「民族統合による政治的・経済的利益と今後の経済発展」を、アメリカや中国、ロシアは「連邦化などが生みだす巨大な経済的利益の一部」

を、そして日本は「70年間追い求めてきた主権の回復」を手にする。

　これはけっして夢物語ではありません。それはまさにドイツの統一過程で起こったことであり、ドイツはその３つの役割のなかのふたつを自分たち自身でやったのですから。

　サンフランシスコ・システムの最大の問題点は、日本の戦後処理を確定する平和条約に、最大の関係国であるロシアや中国、韓国、北朝鮮（さらには沖縄）をいっさい関与させず、冷戦構造を法的に固定化してしまったことでした。ですから戦後日本という国のもつ大きな歪みを根本から正すためには、主権国家としての基本原則を真正面にかかげた「フィリピン・モデル」に加えて、地域全体の安定をみすえたこの「ドイツ・モデル」について、私たちはよく研究し、そのうえで朝鮮半島での大きな歴史の流れに関わっていく必要があるのです。

　トランプ大統領を中心に展開されている現在の米朝交渉が、今後うまくいくかどうかはもちろんわかりません。しかし少なくとも２０１８年に証明されたことは、核戦争目前かと思われた最悪の状況さえ、トランプ、文在寅、金正恩という各国のリーダーが確かな意志をもって行動すれば、和解の方向へ動き出すのは可能だということでした。

ですから今後、日本の若い世代の政治家や外交官、国際政治学者のみなさんには、在日米軍の問題にふれることをタブー視せず、この大きな世界史レベルの転換を好機ととらえ、大胆にその流れをリードしていっていただきたいと思います。現在のような「法的怪物《ジュリディック・モンスター》」としての在日・在韓米軍のあり方と、それらが支配する東アジアの政治状況は、けっしてアメリカという国家の主流派《メインストリーム》が、事情をよくわかったうえで公認しているものではないからです。

バルト三国の教訓――「法的地位の解明」から、独立は始まる

一方、現在の日本とアメリカのあまりにも従属的な関係について、歴史のなかでもっとも似たものをさがすとすれば、おそらくそれは冷戦時代のソ連とその衛星国ということになるのでしょう。

もともと日本と、東欧のソ連の衛星国は、第2次大戦の戦後処理において、まるで双子のような政治的ポジションにありました。ソ連はつねに、みずからの東欧支配さえ認めてくれれば、アメリカの日本支配についてはすべて容認するという姿勢をとっていたのです。

けれどもそのソ連もいまはなく、支配下にあった国々もすべて独立をはたしました。

なかでも興味深いのは、第2次大戦でソ連に併合され、圧倒的な国力のちがいのなかで苦しみながらも、1991年のソ連の崩壊過程ではまっさきに独立を宣言し、冷戦構造の終結に大きく貢献したバルト三国（ラトビア、リトアニア、エストニア）のケースです。

私はその事実を、長く日本リトアニア友好協会の会長をつとめておられる水野《みずの》誠一《せいいち》さんの著書で知りましたが、バルト三国がソ連から独立する過程では、「歌う革命（SINGING REVOLUTION）」と総称されるさまざまな音楽集会やデモが大きな役割をはたしたのだそうです。

「エストニアを中心に、リトアニア、ラトビアの三国は（略）ひたすら国民が集い、当時ソ連から禁じられていた民族音楽を歌い、独立への希望を確認しあったことにより、連帯が深まっていく。その連帯が、最後は640キロにわたってバルト三国を結ぶ『人の鎖』となり、世界を感動させ、〔独立を阻止しようとする〕ソ連の執念を萎えさせたのだ」（『否常識のススメ』Life Design Books）

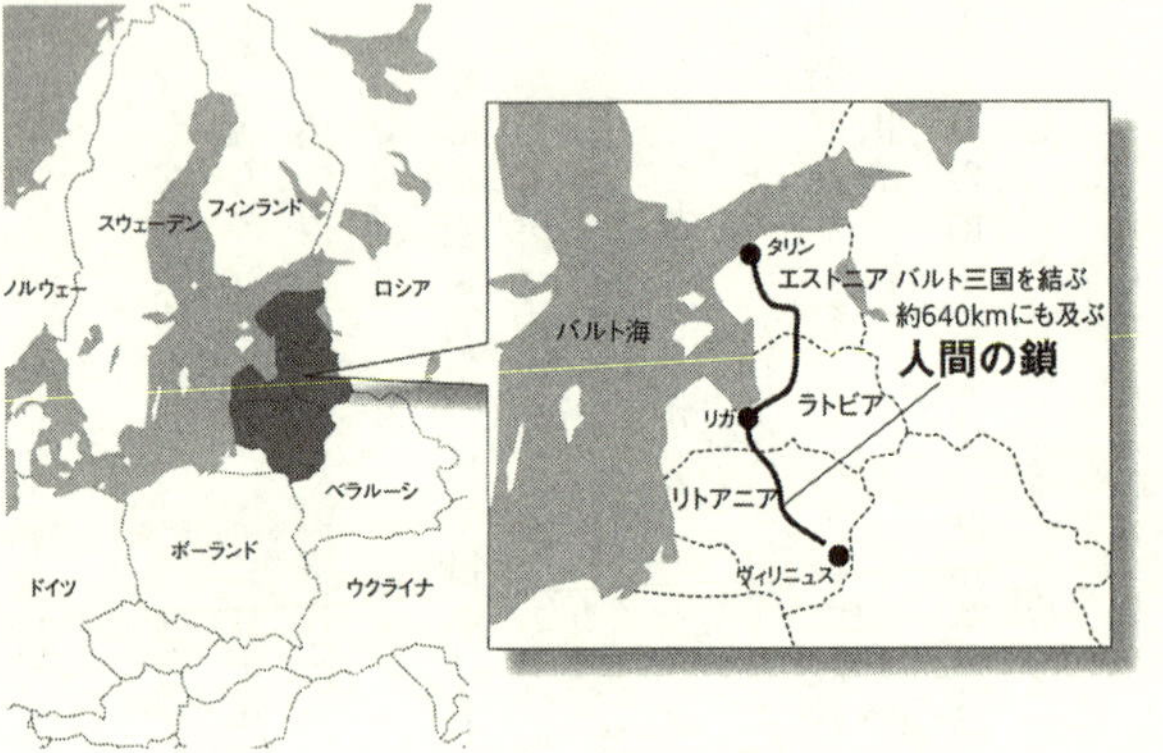

バルト三国地図

その「人間の鎖」では上の図のように、北からエストニアの首都・タリン、ラトビアの首都・リガ、リトアニアの首都・ヴィリニュスを縦断するかたちで、三ヵ国の総人口８００万人のうち、２００万人もの人びとが手と手をつなぎ、独立への意志を表明しました。

別名「バルトの道」とよばれるこの空前の大規模デモがおこなわれたのは、１９８９年の８月23日。それは、ちょうど半世紀前の同じ日にむすばれたドイツとソ連の違法な秘密協定に抗議し、バルト三国のおかれた不当な法的地位を国際社会に訴えるための共同行動だったのです。

第2次大戦が始まる、わずか1週間前の１９３９年８月23日、それまで敵対していたドイツとソ連は、突如「独ソ不可侵条約」をむすんで世界中に衝撃をあたえました。しかし、さらにそのウラで両国は、ポーランドを東西に分割し、バルト三国をソ連が併合することなどをさだめた悪辣な「秘密議定書」に合意していたということが、１９８９年の７月になってあきらかになったのです。

現在ソ連に併合されている自分たちの理不尽な状況の法的根拠が、半世紀前にむすばれたその違法な秘密協定（密約）にあることを人びとが知り、怒り、たがいに手をつないで抗議をつづけた結果、「バルトの道」の大規模デモからちょうど2年後の１９９１年9月、バルト三国は見事にソ連からの独立を達成することになったのです。

その大きな流れを生みだすきっかけとなったのが、ソ連史上初の自由選挙（１９８９年3月）で選ばれたバルト三国出身の人民代議員たちが、議会でこの問題を激しく追及し、条約調査委員会をつくって、「独ソ不可侵条約」に秘密協定が存在していた事実を公的に解明・確定したことでした。（同7月20日／『物語　バルト三国の歴史』志《し》摩《ま》園《その》子《こ》／中公新書）

今後日本でも、本書で紹介したようなアメリカとの違法な軍事上の密約についての知識が広まり、研究者たちの長年の努力が、いつか人びとの願いと一体となって、独立への原動力となることを心から願っています。

参考文献

【書籍】

・"War or Peace"/John Foster Dulles/The Macmillan Company/一九五〇（邦訳『戦争か平和か』河出書房）
・『この自由党！〈前篇〉――民衆なき政治』／板垣進助／理論社／一九五二
・『東京―ワシントンの密談』／宮澤喜一／実業之日本社／一九五六
・『占領軍調達史　部門編Ⅱ』／占領軍調達史編さん委員会・編著／調達庁総務部総務課／一九五八
・『国際組織法』／高野雄一／有斐閣／一九六一
・『国際連合の研究　第一巻――田岡良一先生還暦記念論文集』／田畑茂二郎・編／有斐閣／一九六二
・『軍人のなかの外交官』／ロバート・マーフィ／古垣鐵郎・訳／鹿島研究所出版会／一九六四
・"With MacArthur in Japan : A Personal History of the Occupation"/William J. Sebald/W.W. Norton & Company/一九六五（邦訳『日本占領外交の回想』朝日新聞社）
・『日米安保条約全書』／渡辺洋三　吉岡吉典・編／労働旬報社／一九六八
・『日本再軍備――米軍事顧問団幕僚長の記録』／フランク・コワルスキー／勝山金次郎・訳／サイマル出版会／一九六九
・『日本外交史〈27〉サンフランシスコ平和条約』／西村熊雄／鹿島平和研究所・編／鹿島研究所出

版会／一九七一
・"Ambassador from the Prairie : or, Allison Wonderland"/John M. Allison/Houghton Mifflin／一九七五
・『ポツダム会談』／チャールズ・ミー／大前正臣・訳／徳間書店／一九七五
・『日米安保体制論――その歴史と現段階』／吉岡吉典／新日本出版社／一九七八
・『海鳴りの日々――かくされた戦後史の断層』／大久保武雄／海洋問題研究会／一九七八
・『アメリカの対外政策決定過程』／宮里政玄／三一書房／一九八一
・『サンフランシスコ講和への道』／細谷千博／中央公論社／一九八四
・『再軍備の政治学』／中馬清福／知識社／一九八五
・『米国の日本占領政策――戦後日本の設計図（下）』／五百旗頭真／中央公論社／一九八五
・『国際法辞典』／国際法学会・編／鹿島出版会／一九八五
・『朝鮮戦争――米国の介入過程』／小此木政夫／中央公論社／一九八六
・『サンフランシスコ講和』／渡辺昭夫　宮里政玄・編／東京大学出版会／一九八六
・"War without Mercy : Race and Power in the Pacific War"/John W. Dower/Pantheon Books／一九八六
・『日本占領（1）』／児島襄／文藝春秋／一九八七
・『政治問題の法理』／小林節／日本評論社／一九八八

・『日米外交三十年――安保・沖縄とその後』／東郷文彦／中央公論社／一九八九
・『ジョンソン米大使の日本回想――二・二六事件から沖縄返還・ニクソンショックまで』／U・アレクシス・ジョンソン／増田弘・訳／草思社／一九八九
・『朝鮮戦争――米中対決の原形』／神谷不二／中央公論社／一九九〇
・『米政府安保外交秘密文書　資料・解説』／新原昭治・編訳／新日本出版社／一九九〇
・『日米関係の構図――安保改定を検証する』／原彬久／日本放送出版協会／一九九一
・"Winners in Peace: MacArthur, Yoshida, and Postwar Japan"/Richard B. Finn/University of California Press／一九九五（邦訳『マッカーサーと吉田茂』同文書院インターナショナル）
・『ドイツ再軍備』／岩間陽子／中央公論社／一九九三
・『コマンテール国際連合憲章――国際連合憲章逐条解説（上下）』／アラン・プレ　ジャン＝ピエール・コット／中原喜一郎　斎藤惠彦・監訳／東京書籍／一九九三
・『戦後日米関係の形成』／五十嵐武士／講談社／一九九五
・『在日米軍地位協定』／本間浩／日本評論社／一九九六
・『マッカーサーの時代』／マイケル・シャラー／豊島哲・訳／恒文社／一九九六
・『安保条約の成立』／豊下楢彦／岩波書店／一九九六
・『朝鮮戦争――金日成とマッカーサーの陰謀』／萩原遼／文藝春秋／一九九七
・『史実で語る朝鮮戦争協力の全容』／山崎静雄／本の泉社／一九九八

・『安保条約の論理――その生成と展開』／豊下楢彦・編／柏書房／一九九九
・『日米関係資料集１９４５-９７』／細谷千博　有賀貞　石井修　佐々木卓也・編／東京大学出版会／一九九九
・『サンフランシスコ平和条約・日米安保条約　シリーズ戦後史の証言・占領と講和〈７〉』／西村熊雄／中央公論新社／一九九九
・『日米行政協定の政治史――日米地位協定研究序説』／明田川融／法政大学出版局／一九九九
・『沖縄米軍基地法の現在』／浦田賢治・編著／一粒社／二〇〇〇
・『日米同盟の絆――安保条約と相互性の模索』／坂元一哉／有斐閣／二〇〇〇
・『沖縄返還とは何だったのか――日米戦後交渉史の中で』／我部政明／日本放送出版協会／二〇〇〇
・『日本国憲法・検証１９４５―２０００資料と論点〈第七巻〉護憲・改憲史論』／竹前栄治監修／小学館／二〇〇一
・『容赦なき戦争――太平洋戦争における人種差別』／ジョン・W・ダワー／猿谷要監修／斎藤元一・訳／平凡社／二〇〇一
・『日米軍事同盟史研究――密約と虚構の五〇年』／小泉親司／新日本出版社／二〇〇二
・『日本外交文書――平和条約の締結に関する調書第一冊（Ⅰ～Ⅲ）』／外務省編纂／外務省／二〇〇二

・『日本外交文書――平和条約の締結に関する調書第二冊（Ⅳ・Ⅴ）』／外務省編纂／外務省／二〇〇二

・『日本外交文書――平和条約の締結に関する調書第三冊（Ⅵ）』／外務省編纂／外務省／二〇〇二

・『日本外交文書――平和条約の締結に関する調書第四冊（Ⅶ）』／外務省編纂／外務省／二〇〇二

・『日本外交文書――平和条約の締結に関する調書第五冊（Ⅷ）』／外務省編纂／外務省／二〇〇二

・『「平和国家」日本の再検討』／古関彰一／岩波書店／二〇〇二

・『密約外交』／中馬清福／文藝春秋／二〇〇二

・『軍隊なき占領――戦後日本を操った謎の男』／ジョン・G・ロバーツ　グレン・デイビス／森山尚美・訳／講談社／二〇〇三

・『外務省機密文書　日米地位協定の考え方・増補版』／琉球新報社・編／高文研／二〇〇四

・『検証［地位協定］日米不平等の源流』／琉球新報社・地位協定取材班／高文研／二〇〇四

・『盟約の闇――「核の傘」と日米同盟』／太田昌克／日本評論社／二〇〇四

・『「日米関係」とは何だったのか――占領期から冷戦終結後まで』／マイケル・シャラー／市川洋一・訳／草思社／二〇〇四

・『「日米同盟」と日本国憲法』／吉岡吉典／下町人間総合研究所／二〇〇四

・『北朝鮮とアメリカ――確執の半世紀』／ブルース・カミングス／杉田米行・監訳／古谷和仁　豊田英子・訳／明石書店／二〇〇四

・『物語 バルト三国の歴史――エストニア・ラトヴィア・リトアニア』／志摩園子／中央公論新社／二〇〇四
・『憲法と平和を問いなおす』／長谷部恭男／筑摩書房／二〇〇四
・『日本と国際連合』／塩崎弘明／吉川弘文館／二〇〇五
・『朝鮮戦争と日本』／大沼久夫・編／新幹社／二〇〇六
・『市民主権からの憲法理論――増補型改正の提案』／江橋崇／生活社／二〇〇六
・『「日米同盟」と戦争のにおい――米軍再編のほんとうのねらい』／新原昭治／学習の友社／二〇〇七
・『「共犯」の同盟史――日米密約と自民党政権』／豊田祐基子／岩波書店／二〇〇九
・『日本国憲法の誕生』／古関彰一／岩波書店／二〇〇九
・『航空管制のはなし（六訂版）』／中野秀夫／成山堂書店／二〇〇九
・『他策ナカリシヲ信ゼムト欲ス――核密約の真実 新装版』／若泉敬／文藝春秋／二〇〇九
・『密約――日米地位協定と米兵犯罪』／吉田敏浩／毎日新聞社／二〇一〇
・『何処へ行くのか、この国は――元駐米大使、若人への遺言』／村田良平／ミネルヴァ書房／二〇一〇
・『昭和――戦争と平和の日本』／ジョン・W・ダワー／明田川融・監訳／みすず書房／二〇一〇
・『沖縄と米軍基地』／前泊博盛／角川書店／二〇一一

・『CIA秘録――その誕生から今日まで〈上〉』／ティム・ワイナー／藤田博司　山田侑平　佐藤信行・訳／文藝春秋／二〇一一

・『日米「密約」外交と人民のたたかい――米解禁文書から見る安保体制の裏側』／新原昭治／新日本出版社／二〇一一

・『本土の人間は知らないが、沖縄の人はみんな知っていること――沖縄・米軍基地観光ガイド』／矢部宏治／須田慎太郎・写真／書籍情報社／二〇一一

・『ザ・コールデスト・ウインター　朝鮮戦争（上下）』／デイヴィッド・ハルバースタム／山田耕介　山田侑平・訳／文藝春秋／二〇一二

・『9条「解釈改憲」から密約まで　対米従属の正体――米国立公文書館からの報告』／末浪靖司／高文研／二〇一二

・『占領史追跡――ニューズウィーク東京支局長パケナム記者の諜報日記』／青木冨貴子／新潮社／二〇一三

・『日本防衛秘録』／守屋武昌／新潮社／二〇一三

・『本当は憲法より大切な「日米地位協定入門」』／前泊博盛・編著／明田川融　石山永一郎　矢部宏治／創元社／二〇一三

・『忘却のしかた、記憶のしかた――日本・アメリカ・戦争』ジョン・W・ダワー／外岡秀俊・訳／岩波書店／二〇一三

・『検証・法治国家崩壊――砂川裁判と日米密約交渉』／吉田敏浩　新原昭治　末浪靖司／創元社／二〇一四
・『日本はなぜ、「基地」と「原発」を止められないのか』／矢部宏治／講談社／二〇一九
・"An Inoffensive Rearmament : The Making of the Postwar Japanese Army" ／ Frank Kowalski／Robert D. Eldridge・編／Naval Institute Press／二〇一四
・『日米安保と事前協議制度――「対等性」の維持装置』／豊田祐基子／吉川弘文館／二〇一五
・『集団的自衛権とその適用問題――「穏健派」ダレスの関与と同盟への適用批判』／肥田進／成文堂／二〇一五
・『ダレス兄弟――国務長官とＣＩＡ長官の秘密の戦争』／スティーブン・キンザー／渡辺惣樹・訳／草思社／二〇一五
・『砂川判決と戦争法案――最高裁は集団的自衛権を合憲と言ったの!?』／砂川判決の悪用を許さない会・編／旬報社／二〇一五
・『仮面の日米同盟――米外交機密文書が明かす真実』／春名幹男／文藝春秋／二〇一五
・『機密解禁文書にみる日米同盟――アメリカ国立公文書館からの報告』／末浪靖司／高文研／二〇一五
・『戦う民意』／翁長雄志／ＫＡＤＯＫＡＷＡ／二〇一五
・『否常識のススメ』／水野誠一／Life Design Books／二〇一五

・『新国防論　9条もアメリカも日本を守れない』／伊勢崎賢治／毎日新聞出版／二〇一五
・『憲法と民主主義の論じ方』／長谷部恭男　杉田敦／朝日新聞出版／二〇一六
・『憲法の理性　増補新装版』／長谷部恭男／東京大学出版会／二〇一六

【雑誌・新聞・論文・報告書】

・香西茂「国連軍」『国際連合の研究　第一巻』／田畑茂二郎・編／有斐閣／一九六二
・古関彰一「日米会談で甦る30年前の密約（上下）」『朝日ジャーナル』１９８１年5月22日・29日号／朝日新聞社／一九八一
・笹本征男「朝鮮戦争と『国連軍』地位協定」『朝鮮戦争と日本』２００６年／大沼久夫・編／新幹社／二〇〇六
・春名幹男「日米密約　岸・佐藤の裏切り」『文藝春秋』２００８年7月号／文藝春秋／二〇〇八
・太田昌克「日米核密約　安保改定五〇年の新証言」『世界』２００９年9月号／岩波書店／二〇〇九
・東郷和彦「核密約『赤いファイル』はどこへ消えた」『文藝春秋』２００９年10月号／文藝春秋／二〇〇九
・外務省「いわゆる『密約』問題に関する調査結果」２０１０年3月9日／外務省ＨＰ／二〇一〇
・肥田進「国連憲章第51条の成立過程から見た集団的自衛権の意味と同条約成立過程へのダレスの

関わり（二完）」『名城法学』2014年第63巻第4号／名城大学法学会／二〇一四
・島袋良太「米、在沖海兵隊撤退を検討 復帰直後 日本が残留望む」「琉球新報」2015年11月6日／二〇一五

解説

天木直人（元駐レバノン日本国特命全権大使、外交評論家）

この度、講談社から、『日本はなぜ、「戦争ができる国」になったのか』（集英社インターナショナル刊）の文庫版が発行されたことをうれしく思う。この本はすでに3年ほど前の2016年5月に単行本として発刊され、多くの読者に読まれて好評を博した。その好著が文庫になって、いま、あらためてより多くの読者に読まれることは時宜にかなったことである。

折から日米を取り巻く国際情勢は、ますます、この本に書かれている日米関係の「不都合な真実」の弊害を際立たせている。この本によって一人でも多くの国民が対米自立の必要性に気づき、そして、その声に押されて、日本政府が正しい日米関係の構築に本気で取り組むようになれば、まさにそれこそが著者である矢部宏治氏の本懐であると思う。

私はいまから16年余り前の2003年3月に、ジョージ・W・ブッシュ大統領（当時）率いる米国がイラクを攻撃した時、レバノンという中東の小国の日本国特命全権大使を拝命していた。あのイラク攻撃は誰が見ても不当で、不正義な戦争だった。それは単に、大量破壊兵器がなかったにもかかわらず、あると嘘をついて攻撃したということや、9・11同時多発テロとは何の関係もないサダム・フセインがテロの首謀者と通じていた疑いがある、と言い張って攻撃したからだけではない。イラク攻撃の本当の目的が、中東における米国の軍事支配を強化するために、イラクに親米傀儡《かいらい》政権をつくることにあった、身勝手な戦争だったからだ。

当時レバノンでは皆が口を揃えてそう指摘していた。そして、レバノンの人たちは誰もがこう危惧していた。すなわち、米国がサダム・フセインのイラクを倒す事は1日でできるが、その後のイラクを平和的に統治することは米国にはできず、サダム・フセインなき後のイラクは混迷し、そしてイラクの混迷は中東全体を混乱させると。最悪の場合は中東の混乱が世界全体を危うくする、と。残念ながら、世界は最悪のシナリオに沿って展開していった。

私がレバノンに赴任した2001年2月はイスラエルによるパレスチナ弾圧政策が熾《し》烈《れつ》を極め、それに対するパレスチナ人の捨て身の抵抗が激しさを増す時だった（いわゆる第2次インティファーダ）。ただでさえ平和が求められる中で、パレスチナ人の犠牲に目をつむり、そのうえ、さらにあらたなイラク人の犠牲をもたらす米国のイラク攻撃を私は断じて容認できなかった。私は現地の情報を本国政府に送り、日本は米国にイラク攻撃を踏みとどまらせなければいけない、そしてそれが無理でも、少なくとも米国のイラク攻撃を支持してはいけない、と日本政府に意見を送り続けた。ところが当時の小泉純一郎首相は、どの国よりも真っ先にイラク攻撃を支持し、そして私は辞職勧告を受けることになった。

なぜ、これほどまでに日本の外交は米国に従属するのか。それは何もイラク戦争の時に始まったことではない。私は1969年に外務省に入省して以来、内部から日本外交を見て来て、そのことを痛感していたが、その私の思いは、米国のイラク攻撃を支持した小泉首相と、その小泉首相を誰も止められなかった外務省の現実を見て一層強いものになった。外務省と決別した私は、以来、その答えを見つけ出すのがライフワークとなった。私が『日本はなぜ、「戦争ができる国」になったか』の著者である矢部氏を知ることになったのは、そのような時であった。

矢部氏が不平等な日米関係に関心を持つようになったのは、沖縄の米軍基地（普天間飛行場）を県外に移そうとして果たせず首相を辞めざるを得なかった鳩山由紀夫氏の姿を見たのがきっかけだったという。なぜ、国民の支持を得て政権交代を果たした民主党政権の首相が、米軍を沖縄から撤退させようとして果たせず、首相を辞めざるを得なかったのか。この疑問と怒りから、矢部氏は沖縄の在日米軍の実情を知るべく沖縄に飛んで取材を重ね、それを『本土の人間は知らないが、沖縄の人はみんな知っていること』という一冊にまとめ出版した（書籍情報社、２０１１年５月）。たまたまその本を書店で見つけ購読した私は、その本から多くを学び、ブログなどで国民必読の本だと推奨した。そのことがきっかけで知り合いになった矢部氏は、その後も精力的に次々と日米関係の闇をえぐる良書を発表した。

『日本はなぜ、「基地」と「原発」を止められないのか』（集英社インターナショナル、２０１４年10月）、『知ってはいけない――隠された日本支配の構造』（講談社現代新書、２０１７年８月）、『知ってはいけない２――日本の主権はこうして失われた』（講談社現代新書、２０１８年11月）などがそれである。

その中でも、今回、講談社＋α文庫から刊行された『日本はなぜ、「戦争ができる国」になったのか』は、あらゆる論点を網羅したもっとも包括的な解説書であるといえる。ここに書かれている内容は、一言でいえば、１９５１年にサンフランシスコ講和条約に調印して独立国家となったはずの日本が、なぜ70年近く経ったいまも、まるで米国の植民地のような状態に置かれているのか、その驚くべき事実の数々だ。

たとえば、首都圏を中心とした一都八県（東京、神奈川、埼玉、栃木、群馬、新潟、山梨、長野、静岡）の上空には、日本の民間機が自由に飛ぶことのできない米軍支配下の広大な空域がある（いわゆる「横田空域」）。たとえば、米軍機で在日米軍基地に飛来し、そこから基地外に出さえすれば、誰でも日本の査証なしに日本に自由に出入りできる。たとえば、米軍機が日本の領土内で墜落しても、あるいは米兵が日本の領土内で犯罪をおかしても、日本の調査権、警察権は及ばない。たとえば、米国の日本占領が終わった直後に設置された米軍と日本の各省の官僚たちの密議の場である日米合同委員会が、いまでも隠然と存在し、それどころか、日米安保関係の重要な政策がそこで決められている、などなど。

これらを含め、日米関係の不平等性については、いまでは多くの専門家が指摘し、報じられるようになっている。しかし、矢部氏の業績は、それらの不平等な日米関係が、すべて日米間のおびただしい密約によって日本が同意していることを白日の下にさらしたことにある。そしてその中でも、二つの密約、すなわち日本の領土の好きなところに米軍基地を置く権利を認めた基地権密約と、米軍が自衛隊を自由に指揮・命令できる権限を認めた指揮権密約の二つの密約を見事に突き止めたことにある。その上で、矢部氏は、それまで誰も気づかなかった次のような驚くべき事実を究明してくれた。

すなわち、いわゆる日米安保体制と言われる戦後の日米関係が、ここまで不平等であり、そして密約を重ねて米軍に有利になってしまった、その最大の理由は、日米安保条約の原案が、朝鮮戦争のさなかに、一人の米国軍人、カーター・B・マグルーダー陸軍少将の手によって起草されていたことを矢部氏は突き止めたのである。当時の米国の対日政策の責任者であるダレス国務長官は、何としてでも朝鮮戦争に勝つために米軍の論理を優先した。そして、日本との関係を決定づける日米安保体制を、軍人に委ねたのである。言いかえれば、戦後の日米関係は、朝鮮戦争という戦時に、米軍人の手で白紙委任のごとく作られ、それがそのまま70年近く経ったいまも、何一つ変わらないまま続いているということなのだ。日米関係が従属的なのも、無理はない。

日本が対米従属から抜け出せない理由が矢部氏によってここまで明らかにされた以上、日本の政治がなすべきことはたった一つ、その不条理で不平等な日米関係を平等で公正な姿にすることである。なぜなら差別する側と差別される側との間には真の友好関係は育たないからである。

もはやこれ以上、矢部氏はあらたな密約を発掘する必要はない。ここまで明らかにされたのだ。そして国民も知ってしまった。それにもかかわらず日本政府や政治家、官僚が対米自立を実現しようと努力しないなら、残るものは国民の間のあきらめしかない。どんなに沖縄県民が辺野古移設に反対しても阻止できないなら、どんなに日本国民が危険なオスプレイの飛行を止めさせたくてもオスプレイが我が物顔に日本国中を飛び回るのなら、後に残るのは怨嗟《えんさ》とあきらめだけだ。そんな日本でいいはずがない。

　矢部氏は、『日本はなぜ、「戦争ができる国」になったのか』の前著である『日本はなぜ、「基地」と「原発」を止められないのか』がやはり講談社＋α文庫として出版された時、その最後の部分にあたる「著者自身による解説」の中でこう書いている。

〈「最小限の安保再改定」と「地位協定改定」と「砂川裁判・最高裁判決の無効化」（註：砂川闘争で米軍基地内に侵入したとして逮捕された学生らの１９５９年の裁判で、東京地裁の裁判長（伊達秋雄）が在日米軍は憲法９条に違反するとして無罪の判決を下したにもかかわらず、当時の田中耕太郎最高裁長官が差し戻し判決を言い渡し、結局、東京地裁で逆転有罪判決になった事件。その裏で田中耕太郎最高裁長官とマッカーサー駐日米国大使の密議が繰り返されていたことが、後に米国の公文書で明らかになった）の三つで、まず野党の指導者が合意し、それに自民党の良識派も足並みをそろえてみてはどうか。（中略）逆に、ここまで私が説明してきた法的構造を理解した上で、それでもなお、右の三つに怖くて手をつけられないという政治家は、日本という国の政治指導者の座から、すぐ退場させるべきだ〉と（385ページ）。

残念ながらいまの政治を見ていると、日米安保体制を見直そうと本気で行動する政治家はただの一人も見当たらない。国民の手によってあらたな政党、政治家をこの国の政治の中に誕生させなければいけないのだ。私は「新党憲法9条」という新しい政治団体をつくり、この国の政治の中にそれを一つの政党として誕生させ、一人でも多くの国会議員を送り出そうとしている。それはまさしく、日本を米国から自立させ、日米関係を対等で真に友好的なものにしたいと本気で行動を起こそうとする政党である。その私の考えに賛同する国民が、この矢部氏の著作を読んで、一人でも多く現れることを私は期待したい。

本書は二〇一六年五月に集英社インターナショナルより刊行された『日本はなぜ、「戦争ができる国」になったのか』を文庫化したものです。文庫化にあたっては、視点を現在（二〇一九年）に移したのち、最小限の変更を加えました。

矢部宏治－1960年兵庫県生まれ。慶應義塾大学文学部卒業。株式会社博報堂マーケティング部を経て、1987年より書籍情報社代表。著書に『日本はなぜ、「基地」と「原発」を止められないのか』（講談社＋α文庫）、『知ってはいけない――隠された日本支配の構造』『知ってはいけない2――日本の主権はこうして失われた』（以上、講談社現代新書）、『本土の人間は知らないが、沖縄の人はみんな知っていること――沖縄・米軍基地観光ガイド』（書籍情報社）、『天皇メッセージ』（小学館）、共著書に『本当は憲法より大切な「日米地位協定入門」』（創元社）などがある。

講談社＋α文庫　日本《にほん》はなぜ、「戦争《せんそう》ができる国《くに》」になったのか

矢《や》部《べ》宏《こう》治《じ》
©Kouji Yabe 2019

本書のコピー、スキャン、デジタル化等の無断複製は著作権法上での例外を除き禁じられています。本書を代行業者等の第三者に依頼してスキャンやデジタル化することは、たとえ個人や家庭内の利用でも著作権法違反です。
2019年 6 月20日第 1 刷発行

発行者――――渡瀬昌彦
発行所――――株式会社 講談社
東京都文京区音羽2-12-21 〒112-8001
電話 編集(03)5395-3522
販売(03)5395-4415
業務(03)5395-3615
デザイン――――鈴木成一デザイン室
カバー印刷――――凸版印刷株式会社
印刷――――豊国印刷株式会社
製本――――株式会社国宝社
本文データ制作――講談社デジタル製作

落丁本・乱丁本は購入書店名を明記のうえ、小社業務あてにお送りください。
送料は小社負担にてお取り替えします。
なお、この本の内容についてのお問い合わせは
第一事業局企画部「＋α文庫」あてにお願いいたします。
Printed in Japan ISBN978-4-06-516330-6
定価はカバーに表示してあります。

講談社+α文庫 Ⓖビジネス・ノンフィクション

YKK秘録 山崎 拓
小泉はなぜ首相となり、加藤はなれなかったのか？ 自民党を憂える重鎮の回顧録と提言
950円 G 317-1

昭和のヤバいヤクザ 鈴木智彦
だれよりも現場に強いアウトロー取材の異才が描く愚連隊、広島抗争、三代目山口組！
900円 G 318-1

日本はなぜ、「基地」と「原発」を止められないのか 矢部宏治
日米密約の存在から、日本がいまでも「占領下」に置かれていることを明かした衝撃の書
920円 G 319-1

日本はなぜ、「戦争ができる国」になったのか 矢部宏治
「戦時になると自衛隊は米軍の指揮下に入る」。「指揮権密約」から見えてきた戦後史の闇
920円 G 319-2

＊印は書き下ろし・オリジナル作品

表示価格はすべて本体価格（税別）です。本体価格は変更することがあります